# INHALT

*Für Udo*

Ungekürzte Taschenbuchausgabe
Dezember 2003

Umschlag/Bildredaktion: Büro Hamburg
Isabel Bünermann, Julia Martinez/
Charlotte Wippermann, Kathrin Hilse
Foto Umschlagvorderseite: Rudolf H. Ott
Foto Umschlagrückseite: Jorinde Gersina
Satz: Satz für Satz. Barbara Reischmann, Leutkirch
Druck und Bindung: Clausen & Bosse, Leck
Printed in Germany ISBN 3-492-24007-0

www.piper.de

Gerd Brederlow

# Bobby, Herr Bredi und Mister Herr Bendel

Die Geschichte meines Bruders

Mit 50 Schwarzweißabbildungen und einem farbigen Bildteil

Piper München Zürich

**Paulus:** Nach irdischer Zählung 63 Jahre. Nach unserer 63 Promille eines Tages, wie ich ja dem beflissenen Dogmatiker nicht lange unter Hinweis auf Ps 90, 4 zu erläutern brauche. *(Augenzwinkernd)* Wir sind uns ja wohl gegen Dr. Martin Luther ausnahmsweise einig, daß er nicht „ein Gebet Moses" ist, oder?

**Petrus** *(leicht zerstreut):* Ach ja, der gute Dr. Martinus, Gott hab' ihn … *(plötzlich sehr bestimmt)* Ist der eigentlich hier?

**Paulus:** Ja natürlich! Das heißt: nach irdischer Zählung noch nicht – aber das macht ja bei uns nichts aus! Sei jedenfalls unbesorgt, er wartet, bis du so weit bist, ehe er sich dir vorstellt. Auch die Ewigkeit hat notfalls ihren Kairos! Aber zurück zu unserer Dame …

**Petrus:** … ich will sie sehen!

**Paulus:** Gnädige Frau …!

**Rotkäppchen** *(tritt ein):* Ehre sei dem Vater und …

**Petrus** *(unterbricht):* Hier ist jeder Atemzug ein Lobpreis Gottes. Du mußt nicht mehr formvollendet einen Ritus ausführen.

**Rotkäppchen** *(erleichtert):* Dank sei Gott! Ich

dachte schon immer: Weiß denn Gott nicht längst, wie wir ihn wirklich loben wollen? *(Nach einer kleinen Pause des Staunens)* Ich hätte nie gedacht, daß es hier so locker zugeht!

**Paulus:** Du wirst hier noch über manches umdenken müssen. Aber ich versichere dir, es wird dir Vergnügen machen, all das abtun zu können, was *(zeigt auf Petrus)* des Bruder Altapostels Kundschaft euch armen Christenmenschen eingeimpft hat.

**Petrus:** Ausnahmsweise hat Bruder Völkerapostel einmal recht. In dem Theologenhimmel, den die sich zurechtgedacht haben und in dem sie mich vermuten – in dem möchte ich nicht sein. Die guten eifrigen Leutchen tun da des Guten zuviel. Sogar den drei-einen Gott selbst haben sie auf den Begriff gebracht – aber das war Geheimwissen der hochgelehrten Theologen, damit haben sie euch verschont, höchsten am Dreifaltigkeitssonntag einmal über eure Köpfe hinweg gepredigt.

**Paulus:** Da waren später meine Leute vorsichtiger. Ich war ja schon immer ein Spezialist fürs Nicht-Wissen und für das Unsagbare. Schon mal meinen ersten Brief an die Korinther, Kapitel 13 gelesen?

**Rotkäppchen:** Hast du auch an die Korinther geschrieben?

**Paulus:** Ja, weißt du das denn nicht?

**Rotkäppchen:** Nein wirklich nicht. Ich habe doch nie lesen gelernt. Und im Gottesdienst haben die Priester doch immer auf lateinisch aus der Bibel vorgelesen. In der Predigt hat der Pfarrer deutsch gesprochen, aber da hat er immer das Evangelium erklärt.

**Paulus:** Jetzt bin ich aber ganz baff. Man lernt selbst im Himmel nie aus! Und ich habe mir solche Mühe mit den Korinthern gemacht. Ja, mehrmals habe ich lange Briefe an die dickköpfigen Korinther geschrieben – zwei oder drei Mal, weiß nicht mehr so genau. Muß mal Rudi Bultmann fragen, der weiß das sicher noch.

**Rotkäppchen** *(leicht verwirrt):* Was für ein -mann? Also entschuldigt, mir geht das alles zu schnell. Ich wollte doch nur wissen, wieso es hier so locker zugeht.

**Paulus** *(eifrig),* Also, das hat sehr viel mit Rudi Bultmann – ich meine: mit meinem ersten Korinther ..., verstehst du: Es hat mit der Hermeneutik zu tun.

**Rotkäppchen:** Mit der Her-ni-mi-eutik ...? Was ist das?

**Paulus:** Her-me-neu-tik ist, wenn man eine alte Geschichte versteht und dabei der Horizont der eigenen Erfahrung mit dem der Menschen, die diese Geschichte erlebt haben, verschmilzt – deshalb nennt man das auch „Horizontverschmelzung".

**Rotkäppchen:** Ach so ist das!

**Petrus:** *(mit religionspädagogischem Tonfall):* Bruder Paulus meint, daß die Menschen sich immer ihr eigenes Bild von den Dingen machen und doch alle dasselbe meinen.

**Paulus:** Das hast du aber gut gesagt. Wenn deine Leute es nur auch so einfach sagen könnten!

**Rotkäppchen:** Ich begreife immer noch nicht! Mir haben die Priester gesagt, ich käme auf einen rotgepolsterten Sessel und müßte den ganzen Tag Lobgesänge singen. Nun bin ich hier, und es ist alles ganz anders. Also haben die Priester falsch gepredigt. Kommt das von der Her-ne-mi-eu-tik?

**Petrus:** Rotkäppchen ruft uns zur Sache – das scheint mit gut so.

**Paulus** *(etwas verstimmt)*: Das gute Kind kann es ja nicht besser wissen. Aber wenigstens du solltest etwas von mehrdimensionalem Wahrheitsverständnis begriffen haben.

**Petrus:** Von mir aus fünfdimensional! Aber Hermeneutik hin oder her, ich habe da hier *(wendet sich dem Schreibtisch zu)* die Kopien eines Manuskriptes von einem gewissen Otto Hermann Pesch vor mir – muß wohl irgend so ein Theologe sein, der zuviel Freizeit hat –, der hat einmal in aller Welt und allen Zeiten sich umgehört und ist auf eine Menge Geschichten von Rotkäppchen gestoßen. Die sind so verschieden, daß sie unmöglich alle zugleich wahr sein können. Da wird man doch, zum Donnerwetter, *(hält bestürzt inne und richtet die Augen nach oben)* – Vergebung! – mal fragen dürfen, wie es denn wirklich gewesen ist!

**Paulus:** *Das* ist eben die „hermeneutische Aneignung"! Alle haben die Rotkäppchengeschichte innerhalb ihres eigenen Verstehenshorizontes verarbeitet und neu formuliert. So wie das deine Leute ja auch mit den Dogmen machen – und das dann eine „Relecture" nennen!

**Petrus:** Ich will jetzt aber wissen, wie es wirklich war.

**Paulus:** Na, wenn du so auf bloße Faktenwahrheit versessen bist! Fragen wir Frau Rotkäppchen doch einfach selbst!

**Petrus** *(winkt Rotkäppchen an den Schreibtisch):*

Da, lies mal schnell diese Manuskripte! Jetzt kannst du ja ganz von selbst lesen!

**Rotkäppchen** *(überfliegt die Papiere – und fängt zunehmend an, schallend zu lachen, kann sich am Schluß nicht mehr halten vor Lachen):* Das *(kann vor Lachen nicht weitersprechen)* soll meine *(lacht)* Geschichte sein?

**Petrus** und **Paulus** *(entgeistert, wie aus einem Mund):* Was?

**Petrus:** Gehen wir dorthin *(zeigt auf die Sitzecke)* und machen es uns bequem. Und dann soll Frau Rotkäppchen mal ganz von vorn an erzählen.

**Rotkäppchen** *(wartet respektvoll, bis Petrus und Paulus in ihren bequemen Polstersesseln versunken sind, setzt sich auf den Sessel zwischen ihnen, bleibt aber schüchtern auf dem Rand des Polsters sitzen):* Also, das mit dem Backwerk und dem Wein für die Großmutter, das stimmt schon. Ich habe die Großmutter regelmäßig besucht, da war doch nichts dabei. Einmal aber, an einem besonders schönen Tag, fielen mir die wunderbaren Waldblumen auf. Und da ich noch Zeit hatte, habe ich welche gepflückt. Das haben mir meine Eltern niemals verboten, im Gegenteil, sie haben immer gesagt: Wenn du im Wald noch etwas

Nützliches findest, was der Großmutter Freude macht, dann nimm es mit!

**Petrus:** Dann hat dich also nicht der Wolf verführt?

**Rotkäppchen** *(lacht wieder schallend):* Wolf? Also, davon habe ich gerade zum erstenmal gelesen – und jetzt verstehe ich auch so manches! Das Besondere an jenem Tag war tatsächlich ein Tier, aber es war kein Wolf, sondern ein Reh *(schüttelt sich wieder vor Lachen).* Ein ganz liebes junges Reh! Wir haben uns sofort angefreundet. Und dann ist es mitgegangen zur Großmutter und wich nicht mehr von unserer Seite.

**Paulus** *(wie für sich selbst):* Das muß ich sofort meiner Mitapostolin Junia erzählen – sie wird ihr schönstes feministisches Lächeln aufsetzen!

**Rotkäppchen:** Dann haben allerdings Großmutter und ich etwas ganz Ungehöriges getan – und ich habe ja auch schwer genug dafür büßen müssen. Wir beschlossen, mit dem Reh einige Tage zusammenzubleiben. Acht Tage lebten wir miteinander, dann lief das Reh wieder zu seinem Rudel zurück. Ich verabschiedete mich von der Großmutter – und ahnte nicht, daß ich sie zum letzten Mal gesehen hatte. Denn meine Eltern ließen mich danach nicht mehr zu ihr gehen. Später begriff ich,

warum. Sie hatten tatsächlich Todesängste um mich ausgestanden. Auf den Gedanken, ich könnte einfach bei der Großmutter geblieben sein, kamen weder sie noch die besorgten Nachbarn. Sie konnten sich einfach nicht denken, daß ich so eigenmächtig handeln würde. Sie dachten also, mir sei etwas zugestoßen. So muß wohl die Geschichte mit dem Wolf entstanden sein. Eigentlich blöd! Wölfe greifen doch keine Menschen an, solange sie kranke Tiere und Kadaver finden, die es ja genug im Walde gibt.

So blieb ich wieder im Elternhaus und war fortan ein braves, gehorsames Töchterchen. Aber alle machten scheu einen Bogen um mich, wenn ich mich auf der Straße blicken ließ. Die Zeiten wurden nun hart, und meine Eltern wurden sehr arm. Ich war längst im heiratsfähigen Alter, aber niemand wollte mich heiraten. Oder besser: Niemand *durfte* mich heiraten, denn der eine und andere junge Mann war richtig verliebt in mich. Aber die Eltern, die ja damals das letzte Wort hatte, sagten ihnen immer: Die läuft dir genauso weg, wie sie ihren Eltern weggelaufen ist!

So wurde ich 22 Jahre alt, also für unsere Verhältnisse eine „alte Jungfrau". Es muß nach meiner Rechnung das Jahr 1482 gewesen sein. Ich bin dann eine Begine geworden – was blieb mir anderes übrig! Deine Leute, Petrus, hätten mich dafür beinahe verbrannt, denn die meinten immer, wir seien Hexen! Aber es gab eben gottlob auch

einige vernünftige Leute, die mich freigekämpft haben.

**Petrus** *(nickt heftig und schaut Paulus bedeutsam an)*

**Rotkäppchen:** Das ist meine ganze Geschichte. In den letzten Jahren, so seit 1518, gab es dann wieder unruhige Zeiten. Ich habe nie so richtig begriffen, warum das so wichtig war. Aber irgendwie fand ich das schon gut, daß die Leute nicht mehr ihre ganzen Ersparnisse für einen Ablaßbrief hergeben mußten. Bin dann friedlich gestorben – und jetzt bin ich hier.

**Petrus** und **Paulus** *schweigen lange. Währenddessen öffnet sich geräuschlos und von den dreien unbemerkt die Flügeltür, und Jesus Christus tritt ein. Als Rotkäppchen, Petrus und Paulus ihn schließlich bemerken, springen sie jäh auf und rufen gleichzeitig:*

**Petrus** und **Paulus** *(wie aus einem Munde):* Meister!

**Rotkäppchen:** Ach, *soo* siehst du aus!

**Jesus** *(hebt abwehrend die Hände):* Eins nach dem anderen! Meine lieben, treuen Jünger und Apostel, fast nehme ich es euch schon übel, nachdem ich

es euch schon sooft erklärt habe! Mein guter Zeuge Matthäus hat euch eingeimpft, daß ich einmal gesagt habe: „Laßt euch nicht mit ‚Meister' anreden – denn nur einer ist euer Meister, Christus!" (Mt 23, 10). Leider gab es damals noch nicht so gute Bibelwissenschaftler wie jetzt. Rudolf Bultmann – um nur ihn zu nennen! – hat euch doch darauf aufmerksam gemacht, daß ich hier keinen Canon für das Kirchenrecht machen, sondern euch ermahnen wollte, nicht die Schriftgelehrten und Pharisäer nachzuahmen. Wie wir zueinander stehen, solltet ihr lieber meinem treuen Zeugen Johannes – endlich! – glauben, wenn er von mir überliefert: „Freunde habe ich euch genannt. Denn ich habe euch alles mitgeteilt, was ich von meinem Vater gehört habe" (Joh 15, 15). Das ist mein voller Ernst – wollt ihr euch also endlich bessern?

**Petrus:** Ja, Freund Mei …

**Paulus** *(fährt dazwischen):* Ja, Freund Jesus!

**Jesus** *(umarmt Rotkäppchen):* Und nun zu dir! Das sagt fast jede und jeder bei der Ankunft hier: ‚Ach, so siehst du aus!' Es wird dir Spaß machen, dein Bild von mir zu ändern! Eure großartigen Maler haben da unfreiwillig für einen regelmäßigen schönen Überraschungseffekt gesorgt. Deshalb kann ich ihnen gar nicht böse sein.

**Rotkäppchen** *(scheu):* Muß ich jetzt gleich zur Chorprobe?

**Jesus** *(lacht):* Das haben dir wohl eure Theologen und Prediger beigebracht! Im Unterschied zu den Malern möchte ich denen manchmal wirklich grollen – wenn ich hier dazu noch fähig wäre! Was für blühenden Unsinn haben die euch manchmal erzählt – wo doch eigentlich alles so einfach war und ist! – Nein, zum Chor mußt du nicht, schon gar nicht zur Probe! Hier „muß" überhaupt niemand etwas. Du sollst singen nach Herzenslust, aber nur freiwillig!

**Rotkäppchen:** Gelobt sei Gott! Freiwillig habe ich immer gern gesungen – aber das durfte ich nur selten. Deshalb *(scheu)* habe ich es oft heimlich getan.

**Jesus:** Ich weiß! Ich habe dir immer gern zugesehen, was du auf Erden gemacht hast. Auch und besonders dann, wenn du nach Meinung der Leute über die Stränge geschlagen bist und dich „ungehörig" verhalten hast. Zum Beispiel damals bei der Sache mit der Großmutter, den Blumen und dem Reh! Das war zwar riskant, auch etwas rücksichtslos gegen deine Eltern – aber du bist einem guten Instinkt gefolgt und hast wunderbare Dinge entdeckt, die man als „braves" Mädchen nicht entdeckt – jedenfalls noch nicht in solch jungem Alter.

**Rotkäppchen** *(mit einem hörbaren Seufzer der Erleichterung):* Du bist mir also nicht böse?

**Jesus:** Im Gegenteil. Für den Mut, deinen eigenen Weg zu gehen – nicht nur damals! –, bekommst du einen Ehrenplatz (soweit du nicht singend durch den Himmel spazierst wie damals durch den Wald!).

**Rotkäppchen:** Aber ich bin doch gar nichts Besonderes!

**Jesus:** Gerade darum! Ich war schon immer für die sogenannten „Kleinen".

**Petrus** *(etwas schüchtern, sich des Risikos bewußt):* Aber Freund Jesus, alles, was recht ist ... Denkst du auch an die pädagogischen Auswirkungen, wenn das auf Erden bekannt wird?

**Jesus:** Kannst du es immer noch nicht lassen, es besser wissen zu wollen als ich? *(lächelt schalkhaft)* Aber hab' keine Sorge, mein treuer Freund, ich sage nicht noch einmal „Hinweg von mir, Satan!" (Mk 8, 33).

**Petrus** *(zieht den Kopf ein und murmelt fast unhörbar):* Ja, Freund Jesus.

**Jesus** *(zu Rotkäppchen gewandt):* Wie du aus dem

Religionsunterricht weißt, sitze ich – soweit ich sitze – „zur Rechten des Vaters". Der Platz neben mir, auch das weißt du, gebührt meiner lieben Mutter Maria. Die sitzt aber nur sehr selten dort. Meist ist sie im Himmel unterwegs und freut sich mit allen meinen Freundinnen und Freunden, soweit sie sich nicht um meine Getreuen auf der Erde kümmert. Daneben sitzen meine zwölf Apostel – wenn sie nicht anderweitig unterwegs sind so wie Petrus und Paulus jetzt, um dich zu empfangen. Das habe ich ihnen schon damals versprochen (Lk 22, 30). Aber nur, *daß* sie mit mir am Tisch auf Thronen sitzen, nicht aber auf welchen *bestimmten* Plätzen sie sitzen. Daher, denke ich, werden sie gern für dich einen Platz weiterrücken. Die Sitzordnung am Tisch im Reiche Gottes ist also ab sofort die folgende: neben mir Mutter Maria, dann Frau Rotkäppchen, dann Petrus und die anderen Apostel, zuletzt – Ordnung muß sein – Paulus als dreizehnter Apostel. Aber Paulus wird an bestimmten irdischen Feiertagen zwischen Frau Rotkäppchen und Petrus sitzen, an der Spitze aller Apostel, und zwar an allen Sonntagen, weil er so Tiefsinniges über meine Auferweckung von den Toten geschrieben hat, und an den Festtagen der großen Missionare wie zum Beispiel Ansgar, Bonifatius, Korbinian, Kyrillos und Methodius, Franz Xaver und vieler anderer, weil Paulus so rastlos mein Evangelium unter den Völkern gepredigt hat. Petrus aber wird zwischen Mutter Maria und Frau

Rotkäppchen an den Festtagen sitzen, wo die Geschehnisse meines Lebens gefeiert werden, denn er hat als erster und für alle anderen sich zu mir bekannt.
Und nun freut euch unserer neuen Gemeinschaft!

**Petrus, Paulus** und **Rotkäppchen** *schauen sich gegenseitig an und sagen kein Wort. Jesus ist plötzlich weg – so leise wie er gekommen war. Schließlich:*

**Paulus:** Immer wenn ER da war, muß ich erst tief durchatmen. Wie er das alles immer so selbstverständlich hinbekommt ...!

**Petrus:** Also, das habe ich dir voraus, das mit dem „erst tief durchatmen". Das war schon immer so, als wir zusammen mit ihm umherwanderten – wo du *(leiser Triumph in der Stimme)* ja noch nicht dabei warst.

**Paulus** *(leicht brummig)* Schönen Dank, daß du mich so elegant an mein Vorleben erinnerst. Aber ich will auf die Retourkutsche großzügig verzichten.

**Rotkäppchen:** Also, *ich* muß gar nicht tief *durch*atmen. Ich atme *auf,* weil ich mich erst jetzt, wo ich schon im Himmel *bin,* richtig auf den Himmel freuen kann. Ich mag das, wie das hier ist.

**Paulus:** Gnädige Frau, Bruder Altapostel, ich schlage vor, jetzt einmal eine Pause zu machen, eine richtige, schöne Pause in der Art der Ewigkeit – und auf die Erde schauen.

**Petrus:** Du meinst, wir sollten mal ins Erdenjahr 1998 wechseln?

**Paulus:** Genau!

**Rotkäppchen:** Au ja, da bin ich rasend neugierig!

*Alle drei nehmen ihren Sessel aus der Sitzecke, schieben den Schreibtisch an der Fensterfront links etwas zurück, so daß sie die Sessel direkt an das Fenster stellen können. Sie nehmen darauf Platz – auch Rotkäppchen versinkt jetzt im Polster – und schauen auf die Erde hinunter.*

*Was sie sehen, wundert sie über die Maßen. Traurig sein, das können sie nicht mehr – sie wissen, daß Gott am Ende alles wieder zurechtbringen und gut machen wird, was seine Menschenkinder verderben. Sich ärgern – das ist deshalb nicht mehr nötig. Aber sich zu wundern – das ist möglich und angebracht.*

*Und so sitzen Petrus, Paulus und Rotkäppchen noch oft am Fenster und schauen, was in all den irdischen Jahren auf der Erde geschieht. Sie sehen,*

*was die Menschen meinen, alles tun und zulassen zu müssen und dabei noch denken, Gott einen Dienst zu tun. Die drei himmlischen Zuschauer können sich darüber nur wundern.*

*Und sie wundern sich noch weiter, solange der schöne blaue Planet um sich selbst kreist und seine Bahn um die Sonne zieht.*

# *Nachwort zur erweiterten 3. Auflage*

Zwischen der 2. und der 3. Auflage dieses Büchleins stieß der Märchenerzähler durch die dankenswerte Initiative des Autors auf: Hans Ritz, Die Geschichte vom Rotkäppchen. Ursprünge, Analysen, Parodien eines Märchens, 11., erneut erweiterte Auflage, Kassel, Muriverlag, 1993.
Er staunte über die Maßen, in welch erlauchter Gesellschaft sich seine theologischen Rotkäppchen-Scherze befinden. Vor allem erfuhr er endlich, wer „Rotkäppchen auf Amtsdeutsch" erfunden hat, und konnte nun Ehre geben, wem sie gebührt: Thaddäus Troll (siehe bei Ritz S. 141f). Auch wurde der Text, soweit zitiert, mit dem Original verglichen und gegebenenfalls korrigiert – denn die zirkulierenden anonymen Fassungen haben ihn teilweise erheblich entstellt. Wie aber Thaddäus Troll – in „akademischen Kreisen" und also auch dem Theologieprofessor ein Begriff – so bald und so gründlich im Incognito versinken konnte, mußte zunächst ein Rätsel bleiben. Die historisch-kritische Bibelwissenschaft würde in einem vergleichbaren Falle alle Verfahren „formgeschichtlicher" und „traditionsgeschichtlicher"

Forschung einsetzen, um es zu knacken. Doch inzwischen hat Hans Ritz selbst das Rätsel gelöst: in der 12., abermals erweiterten Auflage seines Buches, Kassel 1997, S. 237–239. Lektüre dringend empfohlen – denn die Geschichte ist eine Real-Satire, die den Vergleich mit dem satirischen Originaltext durchaus besteht!

1. Januar 1998 *Otto Hermann Pesch*

SERIE PIPER

## Zu diesem Buch

Bobby Brederlow, Schauspieler mit Down-Syndrom, wollte berühmt sein und ist es geworden. Er drehte mit Senta Berger, Friedrich von Thun und Veronica Ferres, bei ihm zu Hause stehen der Bambi und die Goldene Kamera. Und die Hochglanzmagazine schreiben davon, wie »Bobby Mutmacher«, der »Star zum Umarmen«, auf Filmpartys die Nächte durchtanzt und mit blonden Frauen flirtet. Es gibt aber auch Bobby Brederlows anderes, viel weniger auffälliges Leben. Das Leben mit den geregelten Arbeitszeiten in der Weberei der Münchner Behindertenwerkstatt und das Leben zu Hause im »Männerhaushalt bei Herrn Bredi und Mister Herr Bendel«. Denn seit dem Tod der Eltern sorgen Bruder Gerd Brederlow und dessen Lebensgefährte dafür, daß sich Bobbys Träume erfüllen und er trotz allem auf dem Teppich bleibt. In einem sehr persönlichen Buch erzählt Gerd Brederlow Bobbys oft harte, vor allem aber herzliche Lebensgeschichte. Ein beeindruckendes Beispiel dafür, was möglich ist, auch mit Down-Syndrom, und zugleich das Porträt einer außergewöhnlichen Familie.

*Gerd Brederlow*, 1951 geboren, arbeitet als freiberuflicher Designer. Vor allem ist er Bruder von Bobby. Zusammen mit ihm und seinem Lebensgefährten lebt er in München. Weiteres zu Bobby Brederlow: www.bobby.de

Gerd Brederlow
Bobby, Herr Bredi und Mister Herr Bendel

Es ist halb neun, als das Telefon klingelt. Bobby sitzt in seinem Zimmer an der heißgeliebten Playstation II, Udo und ich sind müde und erschöpft von dem Presserummel, der in den vergangenen Tagen um Bobby und den Film gemacht worden ist.

Am 28. Januar 2002 war die Presse-Premiere des Spielfilms über Bobbys Leben im Münchner Arri-Kino in der Türkenstraße. Das Kino ist voll besetzt gewesen, natürlich vor allem, weil neben Bobby eine Reihe beliebter Fernseh- und Theaterstars wie Veronika Ferres, Doris Schade und Markus Knüfken mitspielten, aber auch, weil die Presse auf die Thematik »Gleichgeschlechtliche Beziehung« und »Mensch mit Handicap« neugierig war. In der ARD wurde der Film dann zwei Tage später ausgestrahlt, aber trotz des Premierenerfolgs waren alle nervös. Am Nachmittag telefonierte ich noch mit der Regisseurin, der Autorin und dem Produzenten – alle hatten gemischte Gefühle wegen der Einschaltquoten. »Bobby« lief gegen harte Konkurrenz. Das ZDF zeigte die Live-Übertragung des DFB-Pokal-Viertelfinalspiels FC Bayern München gegen den FC Kaiserslautern.

Aber entgegen allen Erwartungen müssen sich Unmengen von Zuschauern für »unseren« Film entschieden haben. Das Telefon steht seitdem nicht mehr still. Bekannte, von denen wir Jahre nichts gehört haben, rufen uns an, frühere Nachbarn, dazwischen immer wieder Bobbys Schauspielerkollegen. Gerade sitzen wir zusammen und überlegen, wie wir es schaffen könnten, kürzerzutreten, uns dem Ganzen ein wenig zu entziehen. Der Schlaganfall, den ich knapp ein Jahr zuvor nur durch Bobbys Hilfe überlebt habe, setzt meiner Belastbarkeit spürbare Grenzen. Das Geschäft, die Termine, die verschiedenen Therapien und Bobby – auf Dauer scheint mir das zuviel.

Udo verschwindet im Eßzimmer, um ans Telefon zu gehen, während ich auf dem Sofa sitze, auf den zu leise gestellten Fernseher starre und mit Grauen an die Kernspin-Untersuchung denke, die mir am nächsten Morgen bevorsteht. Ich habe Angst vor der »Röhre« und jeder, der wie ich klaustrophobisch ist, kann nachvollziehen, wie man sich da fühlt. Für einen Moment muß ich grinsen, mir fällt ein, wie ich vor kurzem unser Auto aus der Inspektion abgeholt habe. Es war im fünften Stock einer Parkgarage abgestellt. Der Aufzug zum Brechen voll. »Kommen Sie doch rein«, sagte jemand zu mir, und die Leute quetschten sich noch enger zusammen. »Nein, danke, es geht nicht«, antwortete ich, »ich habe Klaustrophobie.« Daraufhin verließen alle den Aufzug, als hätte ich eine ansteckende Krankheit ...

Jedenfalls jeder, der schon einmal in diesem Monstrum war und stundenlang diese furchtbaren Geräusche ertragen hat, wird mich auf der Stelle verstehen. Ich war unglaublich nervös.

Plötzlich höre ich Udo laut werden und lachen.

»Fast sieben Millionen? Soll das ein Witz sein? Aber ... aber so kurzfristig ... wir können doch nicht ... morgen in Berlin sein. Ja ... natürlich ist das toll ... ich ruf' wieder an!« Udo kommt ins Zimmer zurück.

»Gerd, Bobby bekommt die Goldene Kamera, und zwar morgen in Berlin.« In seiner Stimme schwingt nicht nur Freude mit.

»Das war ein Witz, Herr Bendel, das erfährt man doch nicht einen Tag vorher, so was wird viel früher entschieden, wahrscheinlich hat unsere Freundin zu tief ins Glas geschaut.«

»Fast sieben Millionen Einschaltquote, trotz Fußball im Zweiten, es ist der Überraschungspreis der Jury. Bobby ist nicht der einzige, die Ferres bekommt auch die Goldene Kamera.«

»Du spinnst, du hast nicht richtig zugehört – das gibt's doch nicht!« Udo antwortet nur: »Es ist genau so.«

Ich bin sprachlos, renne zu Bobby, ziehe ihn von der Playstation weg und drücke ihn.

»Bobbylein, du bekommst die Goldene Kamera, stell dir mal vor, morgen in Berlin. Auf der Berlinale.«

»Super! Herr Bredi, ich hab's doch gewußt, ich hab's doch gewußt!« Bobby strahlt übers ganze Gesicht, hopst auf und ab und rudert dabei mit den Armen.

Wir tanzen durch Bobbys Zimmer, durch den Flur, ins Wohnzimmer, wo Mister Herr Bendel uns wieder auf den Teppich holt.

»Jetzt beruhigt euch. Wir müssen erst mal überlegen, ob und wie wir das überhaupt organisieren können. Ich kann meinen Kunden so kurzfristig nicht mehr absagen.«

»Und ich hab' die Kernspintomographie schon zweimal verschoben.«

Ich folge dem Rat meiner Therapeutin, setze mich auf den Boden, schließe die Augen, atme tief durch und versuche, mich zu entspannen. Bobby verschwindet wieder in seinem Zimmer, wahrscheinlich um zu schauen, was er in Berlin anziehen könnte. Udo telefoniert.

Nach einer Stunde wissen wir mehr. Udo kann seine Termine so kurzfristig nicht mehr absagen und wird in München bleiben. Bobby würde nicht in die Werkstatt der Lebenshilfe gehen können, sondern zu Hause bleiben, ich bringe vormittags meine Untersuchung hinter mich, und um 15 Uhr 30 fliegt uns ein Privatjet von München nach Berlin.

Als Udo schon längst im Bett ist, sitze ich immer noch auf dem Boden und grüble vor mich hin. Der Privatjet geht mir nicht aus dem Kopf. Wovon viele nur träumen, ist für Bobby in Erfüllung gegangen. Aber ob das alles so richtig und gut war? Ist für Bobby das Leben »Fernsehen total«? Was, wenn ihn eines Tages niemand mehr sehen will? Udo und ich haben oft darüber geredet. Und immer war das Ergebnis, daß Bobby es ja selber so wollte, daß er selbst ganz verrückt aufs Schauspielern und auf Kameras war. Er wollte immer berühmt sein. Außerdem, welche Alternative gab es für ihn? Teppiche weben in der Lebenshilfe-Werkstatt für Menschen mit geistiger Behinderung? Das konnte doch auch nicht die Lösung sein. Bobby soll das gleiche Recht auf Selbstverwirklichung und Erfolg haben wie jeder andere Mensch. Jedenfalls sind Udo und ich dieser Meinung. Dennoch mache ich mir manchmal Sorgen um ihn. Und ich denke an den Tag, als Bobby vor ziemlich genau zehn Jahren zu uns nach München kam ...

# EINE MÄNNER-WG

Ich weiß noch genau, wie Bobby damals in München am Flughafen stand. Er hatte keine Jacke an, keine Tasche dabei, keinen Rucksack, nichts Eßbares, kein Getränk, nicht mal seine Brille hatte er auf der Nase, mein Bruder hatte ihn einfach so, wie er war, einem Onkel übergeben, der ihn abholen und in den Flieger setzen sollte. Und nicht nur deshalb waren wir froh, daß Bobby endlich bei uns war. Udo Bandel, mein Lebensgefährte – der von Bobby nur Mister Herr Bendel genannt wird, weil wir einmal ein Türschild bekamen, auf dem der Name falsch gedruckt war – und ich hatten einen langen Weg zurückgelegt. Nach dem Tod unserer Eltern mußte die Sorgerechtsfrage geklärt werden, und Bobby wäre fast in einem Heim gelandet. Statt dessen zog er nun in unsere Männer-WG ein und stellte in kürzester Zeit unser Leben komplett auf den Kopf. Bisher hatten Udo und ich ein sehr freies Leben geführt. Tagsüber arbeiteten wir, Udo als Friseur und ich als Modedesigner. Wir reisten viel in der Welt herum und gingen oft aus. Als wir vor der Frage standen, Bobby zu uns zu nehmen, war uns zwar bewußt, daß sich unser Leben verändern würde, in welchem Ausmaß das jedoch geschehen würde, merkten wir erst nach und nach. Auch für Udo hatte es nie Zweifel gegeben, er sagte klipp und klar: »Bobby kommt zu uns.« Er schloß Bobby sofort ins Herz, und mit ihm an der Seite konnte ich meinem Bruder ein neues Zuhause anbieten.

Durch unsere Mutter Ella war Bobby zwar sehr verwöhnt worden. Er war aber zum Beispiel nicht gewohnt auszugehen. Da Bobby ja mehr oder weniger in unser Leben hineingeplatzt war, mußten wir natürlich von einem auf den anderen Tag lernen umzudenken. Wir waren, bevor mein Bruder zu uns kam, keine Familie, oder richtiger, wir waren sogar weit davon entfernt, eine Familie zu sein. Unser Leben war unberechenbar, ohne feste Zeiten und Regeln. Wir machten, wozu wir Lust hatten, und das mit einem sehr exaltierten Freundeskreis, der jetzt genauso lernen mußte, sich auf Bobby einzustellen, und der sich ebenfalls von einem auf den anderen Tag vor eine völlig neue Aufgabe gestellt sah. Bei den meisten unserer Freunde hat das wunderbar geklappt. Sie akzeptierten Bobby nicht nur, sondern lernten ihn kennen und lieben. Natürlich gab es auch Ausnahmen, die, wie man weiß, die Regel bestätigen. Udo und ich dachten manchmal darüber nach, inwieweit unsere Freunde uns in bezug auf Bobby wirklich unterstützten und eventuell auch mal entlasteten. Wir nahmen Bobby jedenfalls überallhin mit, ob es den Leuten nun paßte oder nicht, und siehe da, wir machten wirklich die Erfahrung, daß die meisten unserer Freunde und Bekannten sehr positiv gestimmt waren.

Oft schauen Leute auch nur befremdlich oder komisch, weil sie zu Menschen mit Down-Syndrom keinen Kontakt haben. Unsere Freundin Carolin erzählte mir, daß sie vor Bobby keinen Menschen mit Down-Syndrom persönlich kannte und daß sie sich unter »mongoloiden Menschen« Wesen in grauen Anzügen oder irgendwelchen ausgemusterten, unmodernen Klamotten aus dem Kleiderschrank der Eltern vorstellte, die immer den gleichen pagenkopfartigen Haarschnitt trugen und mit gesenktem Kopf an der Hand ihrer peinlich berührten Eltern dahertrotteten. Als sie Bobby traf, merkte sie bald, daß sie es hier mit einer anderen Erscheinung zu tun hatte. Bobby trug ein Poloshirt mit passender Hose und ein modisch zusammengeknotetes Tuch auf dem Kopf. Eine Parfümwolke erfüllte den Raum, Bobby gab unserer Freundin die Hand und erklärte stotternd, daß er Rolf Brederlow heiße – das ist nämlich sein ursprünglicher Name – und die anderen beiden Herr Bredi und Mister Herr Bendel. Er strahlte Carolin an, und das Eis war gebrochen.

Bobby wurde immer mehr in unseren Freundeskreis integriert, und schon nach kurzer Zeit fiel es auf, wenn er nicht dabei war, und man fragte nach ihm. Dank seiner offenen Art und seinem Witz durfte er bald auf keinem Fest fehlen.

Anfangs wohnten wir mit Bobby in unserer Dreizimmerwohnung in Schwabing, die eigentlich zu klein war, weil Bobby kein eigenes Zimmer hatte. Doch Bobby fühlte sich trotzdem wohl, denn es war ein gemütliches Haus, in dem ganz nette Leute wohnten. Auf demselben Flur wohnten Adi und Emmi Zeitler, ein älteres Ehepaar, die man als Münchner Originale bezeichnen könnte und die ich immer als gut drauf erlebt habe, als Feste feiernde, Kuchen backende und sehr gesellige Nachbarn. Meine Eltern und Bobby kannten die Zeitlers schon lange von ihren zahlreichen München-Aufenthalten. Was Bobby angeht, war das ideal, denn er kam zwar in eine fremde Stadt, aber mit vertrauten Gesichtern nebenan. Für Udo und mich war es außerdem beruhigend, zu wissen, daß Bobby, während wir arbeiteten, zu Zeitlers gehen konnte, wenn ihm danach war – was er auch häufig tat, vor allem solange er noch keinen Platz in der Lebenshilfe-Werkstatt hatte. Wir hatten anfänglich eigentlich immer Angst, daß Bobby etwas anstellen könnte, und trauten uns kaum, ihn aus den Augen zu lassen. Das Handy, das wir uns anschafften – wir nannten es Babyphon –, damit wir Bobby ständig erreichen konnten und er uns, erleichterte vieles. Trotzdem blieb Bobbys Unberechenbarkeit, die, verbunden mit seiner nur ihm eigenen Logik, zu fatalen Konsequenzen führen kann, und es passierte allerhand.

Einmal hatten Udo und ich eine Party geplant und unterhielten uns bei den Vorbereitungen in der Küche über eine Bekannte, die die Angewohnheit hatte, sich immer stundenlang in der Toilette einzuschließen. Aus Jux sagten wir, daß man die Klobrille mit Tigerbalm einschmieren müßte, um ihr diese Marotte ein für allemal auszutreiben. Wir hatten keinen weiteren Gedanken daran verschwendet, bis mitten auf der Party ein Riesengezeter aus Richtung der Toilette kam. Bobby hatte offensichtlich gut zugehört und unseren Plan in die Tat umgesetzt.

Oder: Manchmal legte sich Bobby tagsüber aufs Ohr. Selbst im Tiefschlaf behielt er seine in bezug auf Mahlzeiten sehr feine Nase, und als ihm dann eines Tages – er war allein zu Hause und hatte sich gerade ein bißchen ausgeruht – der Geruch von frischgebackenem Kuchen in die Nase stieg, stand er auf, ging schnurstracks hinaus, von riesengroßem Appetit getrieben, und was passierte? Natürlich fiel die Tür zu, und der Schlüssel steckte innen. Glücklicherweise stand wegen unserer Katze Tatmy die Balkontür immer offen, aber wir wohnten im dritten Stock. Die Frage, wer von uns über das Geländer steigen sollte, war schnell gelöst. Udo hatte wie üblich eine Ausrede:

»Erstens bin ich sieben Jahre älter, und zweitens bin ich ein Stadtkind. Du bist auf dem Land groß geworden und bist auf Bäume klettern schließlich gewohnt.«

»Klettermaxe«, rief Bobby und freute sich.

Ich mußte mich vom Nachbarbalkon, der durch eine Zwischenwand von unserem Balkon getrennt war, außen herumziehen. Unter Todesangst und ohne nach unten zu sehen, hangelte ich mich über die Brüstung und schaffte es, nach einigem Zittern und Beben heil drüben anzukommen.

Unser Leben zu dritt begann also mit vielen Schwierigkeiten, mal größerer mal kleinerer Art. Bobby brauchte auf jeden Fall dringend einen Werkstattplatz, denn er sollte einen geregelten Tagesablauf haben und eine Aufgabe, wie er es von Mainz her gewohnt war. Es stellte sich heraus, daß das eines der größeren Probleme sein sollte. Erst nach langem Hin und Her fanden wir schließlich den einzigen freien Platz in der metallverarbeitenden Abteilung der Werkstatt der Lebenshilfe, wo Bobby sofort anfangen konnte. Ein weiteres Problem war, daß Bobby aus Mackenbach natürlich keine U-Bahn kannte. Also begann Udo mit Bobby ein allmorgendliches U-Bahn-Training. Mein Bruder sollte sich möglichst selbständig in München bewegen und natürlich auch allein zur Werkstatt fahren können. Später gab es dann einen Busdienst, der Bobby morgens abholte und nachmittags zurückbrachte.

Es läßt sich eigentlich nicht sagen, wessen Leben sich stärker veränderte, Bobbys oder Udos und meines. Unser Leben hatte sich bisher nur um uns selbst gedreht, um unsere Arbeit, unsere Freunde und die vielen Feste, die Reisen. Als schwules Paar hatten wir von unserer Katze abgesehen für niemanden Verantwortung, konnten tun und lassen, was wir wollten. Wenn ich bis nachts im Atelier bleiben wollte, dann konnte ich das. Wenn nichts zu essen zu Hause war, dann aßen wir eben nichts oder gingen aus. Nicht auszudenken mit Bobby. Für ihn waren feste Essenszeiten, überhaupt ein geregelter Tagesablauf, ganz wichtig. Wir versuchten unser Leben als Familie so unkompliziert und heiter zu gestalten, wie es eben möglich war. Wenn Bobby traurig war, was natürlich anfangs öfters vorkam, erfanden wir diverse Spiele, um ihn auf andere Gedanken zu bringen. Die Momente, in denen Bobby schwermütig war und man ihm ansehen konnte, daß er unsere Mutter vermißte, wie ich ja auch, waren für uns die schlimmsten. Ein ganz beliebtes Ablenkungsmanöver war es, aus dem Stand Reime zu erfinden, die wir immer wieder laut vor uns hin sangen:

»Udo ist ein flotter Hase,
er liegt so gern im grünen Grase.

Riecht er dran mit seiner Nase,
bekommt er seine Allergie-pha-se.«

»Udo mit den Locken,
stinkt so aus den Socken.«

»Wir fahren heut nach Emden,
dort bügeln wir die Hemden
und singen für die Fremden.«

Mit derartigen Reimereien konnten wir Bobby ein Riesenvergnügen bereiten, und er wollte dann gar nicht mehr aufhören: »Herr Bredi, bitte noch mal dichten.«

## ... wie in der Lindenstraße

Wenige Monate später wurde uns von der Hausverwaltung eine größere Wohnung angeboten, direkt neben unserem Laden, den ich zwei Jahre nach unserem Umzug nach München angemietet hatte. Der Laden war immer perfekt gewesen: In dem einen Raum hing meine Kollektion, im nächsten hatte ich Platz für Entwürfe und Zeichnungen. Der dritte Raum diente Udo als Salon und Studio für seine Kundinnen, hinten war das Büro für die Buchhaltung und sonstigen Papierkram. Und jetzt die schöne große Altbauwohnung mit eigenem Zimmer für Bobby: Idealer ging es nicht. Von der Wohnung aus, genauer gesagt, vom Küchenfenster aus konnte man direkt in den Laden sehen und umgekehrt.

Mister Herr Bendel und Bobby im Atelier.

Wenn Bobby in der Wohnung war, konnte er uns anrufen, und wir konnten ihm zuwinken oder uns beim Telefonieren ansehen.

Durch das Geschäft kannten wir natürlich eine Menge Leute in der Nachbarschaft, und wieder hatten wir Glück im Haus. Langsam wurde es wie in der Lindenstraße. Immer wenn jemand auszog, sorgten wir dafür, daß Freunde in die frei gewordene Wohnung konnten. Überhaupt kannte man uns bald im ganzen Viertel, es war wie auf dem Dorf. (Wahrscheinlich fielen wir als »Familie aus drei Männern« auch genügend auf.)

Für Bobby ist das bis heute optimal (auch wenn der Laden inzwischen eine Straße weiter ist). Wenn er aus der Werkstatt kommt und sich in der Wohnung lang-

Bobby und der heißgeliebte Gameboy.

weilt, gibt es genügend Leute, die er kurz besuchen kann, oder er kommt zu uns ins Geschäft.

Daß Bobby in unserer Nachbarschaft so beliebt ist und überall ein und aus geht, ist für Udo und mich nicht nur beruhigend, sondern auch praktisch; denn Bobby liebt kleine Botengänge, weil er sie mit einem Besuch, einem Schwätzchen und einer Leckerei verbinden kann. Neulich hatten wir Freunde zum Essen geladen, ich hatte asiatisch gekocht, es wurde viel gegessen und getrunken, und schließlich war das Bier alle. Im Haus wohnen Kirsten Hager und ihr amerikanischer Mann Eric Moss, der fast alles auf Vorrat hat und einem daher immer aushelfen kann, wenn Not am Mann ist. Ich ging zu Bobby, der sich schon in sein Zimmer zurückgezogen hatte:

»Bobby, geh doch grad mal zu Hager-Moss und hol Bier. Es reicht nicht mehr.« Bobby ließ sich das nicht zweimal sagen, weil er Hager-Moss gern mag.

Ich widmete mich wieder den Gästen und vertiefte mich in ein Gespräch. Nach einiger Zeit begannen wir uns zu wundern, denn Bobby kam und kam nicht zurück. Udo ging zu Hager-Moss, um zu sehen, was los war. Bobby war aber in der Zwischenzeit schon längst wieder in die Wohnung gekommen und hatte sich, von allen unbemerkt, in sein Zimmer geschlichen. Eric erzählte Udo, daß Bobby geklingelt habe und gesagt habe:

»Wir haben kein Bier.«

»*Wir* haben kein Bier«, hatte Eric darauf geantwortet.

»Wir haben kein Bier«, hatte Bobby wiederholt.

»*Wir* haben kein Bier«, antwortete Eric.

»Nein«, sagte Bobby, »*wir* haben kein Bier.«

Das Ganze wiederholte sich noch einige Male, bis Bobby wütend wurde, die Wohnungstür zuzog, sich auf dem Treppenabsatz noch mal umdrehte, Hager-Moss den Mittelfinger zeigte und dazu ein »Leck mich!« rief, was der durch den Spion beobachtete. Bobby hatte sich von Eric »für blöd verkauft« gefühlt und war beleidigt in sein Zimmer gegangen.

Ich weiß auch noch, einmal ganz am Anfang klingelte bei uns frühmorgens die Architektin, die unten im Haus wohnte:

»Entschuldige, Gerd, nichts gegen Bobby, aber könntest du ihm nicht sagen, daß er die Arbeit der Müllmänner nicht zu machen braucht? Und schon gar nicht so früh, und erst recht nicht drei Tage im voraus!?«

Ich verstand gar nichts, bat sie herein, und bei der folgenden Unterhaltung kam heraus, daß Bobby montags um 6 Uhr 30 in der Früh die Mülltonnen mit großem Getöse in den Hausflur zog, sie dienstags um 6 Uhr 30 mit ebenso großem Getöse auf die Straße zerrte, wo sie am Mittwoch von der Müllabfuhr geleert wurden. Wir hatten im ersten Stock auch oft den Lärm gehört, wären aber im Traum nicht darauf gekommen, das mit Bobby in Verbindung zu bringen. Bobby sagte, von mir darauf angesprochen, er wollte nur die Müllmänner entlasten. Daß die dafür bezahlt wurden und er nicht, interessierte ihn nicht, und daß andere gerne nicht so früh geweckt werden, sondern noch schlafen wollten, auch nicht. Erst nach einigen intensiven Gesprächen war er davon zu überzeugen, diese frühmorgendliche Aktion zu unterlassen.

## ... und wie im Himmel

Bobby hilft gerne im Geschäft, vor allem liebt er die Vorweihnachtszeit, weil zu der Zeit die für ihn spannendsten Lieferungen kommen, Dekorationen und Geschenkartikel jeglicher Art. Tanzende Weihnachtsmänner, singende Stofftiere, bunte Spieldosen, duftende Kerzen, Lichterketten – für Bobby ist das das Paradies. Oft sagt er: »Der Herr Bredi arbeitet direkt im Himmel.« Denn Geschenke kommen für ihn aus dem Himmel.

Einmal in den Sommerferien, als die Lebenshilfe-Werkstatt geschlossen hatte und Bobby wieder bei uns aushalf, setzte er jeden Mittag um die gleiche Zeit seine Mütze auf, verschwand für etwa eine Stunde und kam dann gut gelaunt und voller Arbeitseifer zurück. Wir

Bobby liebt den Laden, aber es kann schon mal vorkommen, daß er in Erwartung einer Pizza gegen Abend laut und vor allen Kunden sagt: »Bredi, mach zu, die kaufen eh nix!«

wunderten uns, vergaßen aber auch schnell wieder, uns darüber Gedanken zu machen. Wenn ich ihn fragte, was er so treibe, zuckte er mit den Schultern und sagte: »Ich geh' an die frische Luft, das ist gesund.«

Irgendwann, als ich gerade den Laden abschließen wollte, kam ein Anruf vom Besitzer des Restaurants »Gandl« am Ende unserer Straße. Das »Gandl« wird von einem Freund von uns betrieben und gehört zu den Orten, die Bobby wohlbekannt sind.

»Ich wollt' nur Bescheid sag'n, daß der Bua jeden Mittag bei uns g'essen hat, nicht daß euch wunderts.«

»Woher hatte er denn so viel Geld?«

»Er hat koa Geld g'habt. Er hat's auf euch anschreib'n lass'n.«

Ich ging rüber, bezahlte die Zeche und erfuhr bei der Gelegenheit, daß Bobby jeden Mittag Pasta mit Lachs und Shrimps, sein Leibgericht, gegessen hatte. Als ich ihn darauf ansprach, sagte er nur: »Herr Bredi, ich muß doch was essen, wer arbeitet, muß doch gut essen!«

# LIEBE UND WEITERE KATASTROPHEN

Zu unseren befreundeten Nachbarn gehörten auch der Regisseur Bernd Fischerauer und seine Frau Heidi Kranz. Wir kannten die Fischerauers schon, als wir Bobby nach dem Prozeß endlich in München in Empfang nahmen. »Ich möchte nach München hineinziehen, Herr Bredi«, hatte Bobby oft gesagt, aber noch öfter hatte er den Wunsch geäußert, Schauspieler zu werden. Wann immer er Bernd Fischerauer traf, sprach er mit ihm darüber. Und wir hatten auch schon einige kleine Rollen für Bobby arrangieren können. Alles begann mit einem Fahrrad, das wir anfertigen ließen. Wir wußten, daß Bobby nicht auf einem normalen Rad fahren konnte, weil er immer Schwierigkeiten hatte, sein Gleichgewicht zu halten, den Körper auszubalancieren. Also machten wir uns auf die Suche nach jemandem, der uns eine Konstruktion mit drei Rädern bauen konnte. Bobby hat sich riesig über sein erstes Fahrrad gefreut. Zwar hat er selbst auf diesem Rad noch manchmal Schwierigkeiten, die Abstände und Entfernungen richtig einzuschätzen, was dazu führt, daß er des öfteren

Manchmal am Wochenende radelt Bobby mit Udo und mir die Isar entlang.

irgendwo dagegenfährt, aber er kann sich wie andere mit einem Rad fortbewegen. In einer Weihnachtskomödie mit Uwe Ochsenknecht und Barbara Auer kann man Bobby auf genau diesem Fahrrad in seiner ersten kleinen Filmrolle bewundern. In dem Film spielt Barbara Auer eine bekannte Fernsehmoderatorin, die mit dem Zug auf dem Weg zum Flughafen ist, weil sie in die Karibik fliegen will, um dem Weihnachtstrubel zu entfliehen. Uwe Ochsenknecht spielt einen einfachen Handelsvertreter, der ebenfalls zum Flughafen muß, weil er an Weihnachten nach Hause zu seiner Familie möchte. Er erkennt die Moderatorin im Zug, setzt sich zu ihr, redet auf sie ein, obwohl sie sichtlich genervt ist und ihre Ruhe haben will. Ein ungleiches Paar, das schließlich, als der Zug steckenbleibt, in einer abgelegenen Kirche Unterschlupf findet und sich ineinander verliebt. Spätabends im Dunkeln und immer noch in diesem kleinen abgelegenen Ort irrt die Moderatorin nach einem Streit herum und sucht den Handelsvertreter. Bobby kommt auf seinem Fahrrad die Straße entlanggefahren, und als die Moderatorin auf ihn zugeht und ihn fragt, ob er ihren Freund gesehen habe, darf Bobby seinen ersten Filmsatz sagen: »Da drüben!« – Dies war der Beginn von Bobbys Schauspielerei.

Und dann, eines Tages, kam Bernd Fischerauer auf mich zu und sagte:

»Brederlow, du alte Vorzeigeschwuchtel, ich hab' ein Drehbuch gekriegt, und ich glaube, das wär' was fürs Mongo-Baby.«

Vielleicht sollte man an dieser Stelle erwähnen, daß es unser ganz normaler Umgangston ist, so zu reden. Hart, aber herzlich. Sentimentalitäten in bezug auf die Titel, mit denen wir uns je nach Situation und Tagesform anreden, gibt es nicht. Bobby ist unser »Mongo«, unser »Mongobaby«, das »Mongobärchen«, und er weiß durchaus mit der gleichen Münze zurückzuzahlen. »Greisenpeter« nennt er Udo, den ältesten von uns dreien, »glatzköpfiger Kaiser«, das bin ich (obwohl Bobby selbst kein Haar mehr auf dem Kopf hat). Für seine und unsere Freunde erfindet Bobby die unmöglichsten Namen, »Edgar, der Würger« gehört da noch zu den vergleichsweise charmantesten. Carolin und auch viele andere sagen uns, daß ihnen der legere, ewig frotzelnde Umgang mit unserem »Mongobaby«, der oft im schwarzen Humor angesiedelt ist und dem der »Mongo« in nichts nachsteht, wenn er uns als »blöde

Schwuchteln« oder »Selber Mongo« bezeichnet, sehr gut gefalle. Auf diese Weise würden wir eine völlig andere Sicht auf den Alltag mit Behinderten bieten: In unserer Familie lebt eben kein »Problemkind«, sondern ein Sonnenschein, mit dem man Spaß haben kann, ja sogar muß. Uns selbst ist unsere »Sprachregelung« gar nicht so stark bewußt, aber wir haben von Anfang an versucht, Bobby zu zeigen, wie er selbstbewußt mit Situationen umgehen kann, in denen ihn zum Beispiel jemand wegen seiner Behinderung anstarrt oder blöd anredet. In einem solchen Fall (und auch sonst nicht!) braucht man doch der Behinderung nicht noch unnötigen Respekt entgegenzubringen, indem man peinlich berührt ist. Und so haben wir Bobby ein bißchen »trainiert«, damit er sich wehren kann. Zum Beispiel mit einfachen Wortwechseln: »Idiot!« – »Selber Idiot!« Wir haben ihm erklärt, daß jeder Mensch eine Macke hat und niemand perfekt ist, woraus für Bobby die Formel »Ein Mensch ohne Macke ist Kacke« geworden ist. Aber natürlich ist das manchmal leichter gesagt als getan, auch wenn Bobby heute solche Angelegenheiten wirklich meistens mit »Da hau' ich doch 'n Ei drauf« oder einem souveränen »Bist *du* behindert oder ich?« erledigt. Als schwulem Paar ist uns die Thematik schließlich nicht gerade unbekannt …

Udo und ich haben oft genug miterlebt, daß Leute Bobby anstarren und zu tuscheln anfangen, und wir wissen auch, daß Bobby das sehr wohl registriert und dann sehr verletzt ist. Einmal war Bobby mit Carolin im Auto unterwegs, sie hatten Hunger und steuerten eine Pizzeria an. Carolin fuhr so schnell, daß eine Fußgängerin, die sich gerade noch auf den Gehweg retten konnte, ihr erbost einen Vogel zeigte. Bobby wurde daraufhin furchtbar sauer, stotterte wütend vor sich hin, daß sie sofort zur Polizei müßten. Carolin wunderte sich und fragte sich, was Bobby von den Verkehrsregeln der Stadt wußte. Bobby schimpfte weiter, die Frau habe gesagt, daß er behindert sei. Carolin verstand nicht, was er meinte, bis er schließlich sagte, die Frau habe sich an den Kopf gefaßt und ihm einen Vogel gezeigt, er wolle umgehend zur Polizei, um eine Anzeige »aufzugeben«. Carolin versuchte, Bobby zu beruhigen und ihm zu erklären, daß die Frau *ihr* den Vogel gezeigt habe, weil sie zu schnell gefahren sei. Doch Bobby war zu aufgebracht, redete immer weiter von der Polizei und daß er das anzeigen müsse, und zwar sofort. Carolin hielt dagegen, postulierte die Geste der Frau für sich und sagte, sie sei nicht an einer Anzeige interessiert. Es dauerte lange, bis unsere Freundin Bobby mit der Aussicht auf eine große Pizza beruhigen konnte. Als sie dann vor der Pizzeria aus dem Wagen stiegen, fragte Bobby Carolin ganz ernsthaft: »Bist du denn behindert?«

Zunächst war die Rolle, die in dem Drehbuch für Bobby vorgesehen war, klein angelegt, später wurde sie dann ausgebaut. Die Produzenten reagierten anfänglich sehr kritisch, das Projekt schien waghalsig, und man konnte nicht abschätzen, wie der Film aufgenommen werden würde. Auch für Bernd Fischerauer war es ein Experiment, denn er hatte zuvor noch nie einen Film mit Behinderten gedreht. Er wollte aber zum Ausdruck bringen, wie man völlig selbstverständlich mit Behinderten umgehen und sie auf diese Weise integrieren kann. Genau das kannte er ja von Udo, Bobby und mir.

Bobby am Set mit Friedrich von Thun, Bernd Fischerauer und Senta Berger.

Das Drehbuch gefiel uns, wir dachten sofort, daß man durch dieses Projekt viel für Menschen mit Handicap erreichen konnte. Bobby war außer Rand und Band, als es schließlich wirklich klappte und er mit Friedrich von Thun und Senta Berger die Serie »Liebe und weitere Katastrophen« drehte, die im Hauptabendprogramm der ARD laufen und ein riesiger Erfolg werden sollte.

Senta Berger spielte die Franziska, Mutter zweier Söhne, nämlich von Bobby und David. Im Nachbarhaus wohnt Max alias Friedrich von Thun, ein Freund der Familie, der mit seiner Frau Mechthild, gespielt von Susanne von Borsody, eine offene Ehe führt. Und nun gibt es vielerlei Turbulenzen. Dem geistig behinderten Bobby

Bobby in seiner kindlichen Rolle mit Bäro, dem Teddy.

fallen ständig neue Streiche ein, dem nichtbehinderten David allerdings die größeren – er betätigt sich als Sprayer und wird bei einer nächtlichen Aktion von der Polizei erwischt. Franziska geht es finanziell nicht besonders gut, zuerst muß sie bei ihrem Schwager um Hilfe bitten, und als der immer zudringlicher wird, sogar einige wertvolle Antiquitäten im Auktionshaus versetzen. Nachbar Max bringt immer wieder alles in Ordnung, schließt Freundschaft mit Bobby, hilft der Mutter aus der Finanzkrise, indem er die Antiquitäten ersteigert und zurückbringt, und die beiden verlieben sich natürlich ineinander, was von Bobby stark gefördert wird. Immer wieder redet er auf seinen Freund Max ein, daß er der Mann seiner Mutter werden sollte. An Franziskas Geburtstag steht plötzlich und unerwartet der Großvater aus Italien vor der Tür. Als es später aussichtslos scheint, daß Franziska und Max ein Paar werden, ist Bobby »supertraurig« und will zu seinem Großvater nach Italien. Er nimmt seinen großen Teddy, einen Rucksack und steigt ganz allein in den Zug nach Süden. Franziska wendet sich in ihrer Not und Sorge an Max, der sie nach Italien begleitet. Kaum sind alle vereint, stirbt Franziskas Vater.

Zu den Dreharbeiten fuhr Bobby mit Heidi Haffenrichter, einer Münchner Künstlerin, die regelmäßig mit ihm malt und ihn am Set betreute. Unser Mongobaby rief uns jeden Tag an. »Wißt ihr was, ich habe eine Su-i-te ganz für mich allein«, erzählte er uns abends am Telefon, »und alle Kellner kennen mich schon.«

Udo und ich stellten uns vor, wie sich die Kellner in Bobbys Zimmer die Klinke in die Hand gaben, um pausenlos Delikatessen nachzuliefern, und wollten uns am liebsten selber ein Bild machen und ein bißchen bei den Dreharbeiten zuschauen, aber Bobby sagte ziemlich streng: »Udo darf kommen, Bredi nicht – denn Schwule sind da nicht erwünscht.« Und so sind wir, ganz wie Bobby es wünschte, erst ein Jahr später nach Italien gefahren, um alle Drehorte noch einmal zu besichtigen.

Am Set ging es offenbar ziemlich locker zu, und man merkte schnell, daß sich zwischen Bobby und Friedrich von Thun so etwas wie eine Freundschaft entwickelte, die über das normale Kollegenverhältnis hinausging. Nach allem, was uns Heidi Haffenrichter und die anderen Schauspieler von den Dreharbeiten erzählt haben (und Bobby sowieso), muß er vom ersten Moment an sehr lässig mit den Stars umgegangen sein. Udo meint, es läge daran, daß Bobby die Schauspieler jeden Abend im Fernsehen sieht und sie ihm deshalb alle sehr vertraut erscheinen. Es sind für Bobby sozusagen alte Bekannte, und wie alle Menschen mit Down-Syndrom macht er keine Unterschiede zwischen Promi oder Nichtpromi, nur zwischen denen, die er mag oder nicht mag. Friedrich von Thun und Bobby jedenfalls blödelten zwischendurch immer wieder herum und hatten Spaß miteinander. Es gab aber auch die andere Seite, denn Bobbys Belastbarkeit hat Grenzen. Ein Drehtag kann bis zu vierzehn Stunden dauern, in denen man meistens nur dasteht und zusehen muß. Oft kam es vor, daß Bobby einfach nicht mehr konnte und anfing zu weinen, weil er keine Kraft mehr hatte. Es ist nicht so, wie es sich viele vorstellen, daß Bobby mal kurz einen Satz sagt und dann Freizeit hat. Außerdem ist Bobby ehrgeizig, was das Drehen angeht.

Dann kam die Beerdigungsszene. Die tiefe Stimme von Bernd Fischerauer hallte über den Platz, wo das Begräbnis stattfinden sollte. »Der Friedrich legt seine Hand auf deine Schulter, du hältst die Hand von der Senta, dann dackelt ihr einfach hinter dem Sarg durchs Tor«, sagte er zu Bobby.

Bobby amüsierte sich königlich über das Wort dackeln und rief immer wieder »dackeln«.

»Du sollst aber ganz traurig sein«, beschrieb ihm Fischerauer die Rolle. Sie »dackelten« also durch das Stadttor der mittelalterlichen Festung von Monteriggioni bei Siena, während Glockengeläut ertönte und

Bobby bei der Beerdigungsszene, die er sich so zu Herzen nahm, zwischen Senta Berger und Friedrich von Thun.

dem Ganzen die nötige Atmosphäre verlieh. Alte Frauen beteten am Straßenrand, Senta Berger und Friedrich von Thun gingen ganz in Schwarz, sie mit Kopftuch, er mit schwarzer Krawatte, in der Mitte mein Bruder. Bobby weinte.

Udo und ich wußten, daß er das Begräbnis wirklich durchlebte, daß seine Tränen nicht geschauspielert waren, er trauerte richtig. Senta Berger sagte später in einem Interview, daß sie gemerkt habe, wie echt Bobbys Trauer war und daß sie überlegt habe, wie sie ihm den Kummer nehmen könnte. »Im Sarg ist der Opa nicht, der ist längst in Florenz bei seiner jungen Frau«, versuchte sie ihn zu beruhigen. Die Kollegen machten nach

Drehschluß Witze über den leeren Sarg, aber Bobby war wirklich traurig, weil »sein« Großvater gerade begraben worden war. Für ihn ist der Film, die Situation, die er gerade spielt, Wirklichkeit. Für die Schauspieler und alle anderen am Set war das eine völlig neue Erfahrung. Auch Senta Berger hat Bobby noch lange Zeit als seine richtige Mutter angesehen und nach Abschluß der Dreharbeiten weiterhin »Mama« zu ihr gesagt, wenn er sie im Fernsehen in ihrem Werbespot für eine große bayerische Bank sah.

Oder: Vor einer USA-Reise nervte mich Bobby zum Beispiel mit der Idee, Kojak zu treffen, worauf ich ihm zu erklären versuchte, daß das unmöglich sei, weil Telly Savallas inzwischen tot sei. Bobby stampfte mit dem Fuß auf und sagte wütend, daß das überhaupt nicht stimme, er habe ihn selber erst gestern im Fernsehen gesehen. Die Schauspieler, die er auf dem Bildschirm sieht, sind also für ihn lebendig, und auf jeden, der das Gegenteil behauptet, reagiert er empört. Wie jeder mit Down-Syndrom hat er Schwierigkeiten, zwischen Film und Wirklichkeit zu unterscheiden. Etwas, das so echt aussieht, muß doch auch echt sein und leben, oder? Überhaupt hat mein Bruder Probleme, zu begreifen, daß jemand tot ist. Ähnlich einem Kind stellt Bobby sich vor, daß Tote auf Wolken sitzen und von oben auf uns herunterblicken, und so sitzt seiner Meinung nach auch unsere Mutter Ella mit rotlackierten Fingernägeln auf einer Wolke, raucht ihre Zigaretten und beobachtet von da aus, was ihre drei Jungs so machen. Eigentlich ist das eine sehr schöne Vorstellung, und man könnte bedauern, daß wir es besser wissen.

## ... Bobbys neues Ich

Mit »Liebe und weitere Katastrophen« hängt übrigens auch zusammen, wie Bobby, der ja früher Rolf hieß, zu seinem Namen kam. Er hatte sich so mit seiner Rolle identifiziert, daß er sich weigerte, den Namen Bobby jemals wieder abzulegen, denn »Bobby« schien ihm der interessantere und erfolgreichere Name zu sein, denke ich mir. Rolf darf ihn seither niemand mehr nennen. Für Freunde und Bekannte waren seine brüsken Reaktionen oft schwer zu verstehen. Ein befreundetes Paar war zum Beispiel bei uns zum Essen eingeladen. »Hallo, Rolf«, hatte die Frau Bobby freundlich begrüßt. Er war stocksauer und sagte zu ihrem Begleiter: »Sie kapiert es einfach nicht.«

Udo und ich hatten es leichter, weil wir die Dreharbeiten miterlebt hatten und schon ahnten, daß unser Rolf in seiner neuen Identität zu Bobby geworden war. Der damalige Kreisverwaltungsreferent ermöglichte Bobbys Namensänderung. Jetzt hat Bobby es in seinem Paß schwarz auf weiß und trägt einen Künstlernamen. »Sonst wissen die Leute ja nicht, daß ich der Bobby bin.«

Solche vermeintlichen Äußerlichkeiten sind wichtig für Bobby, damit nimmt er es sehr genau. Bobby ist ein Pedant und Gewohnheitsmensch, der zur Bewältigung seines Alltags Rituale mehr als andere braucht. Beim Drehen sind es oft ungeplante Abweichungen vom Tagesablauf, die ihn wütend machen, wenn zum Beispiel Text gestrichen oder eine Szene auf den nächsten Tag verschoben wird. Bei einer Szene, die Senta Berger dre-

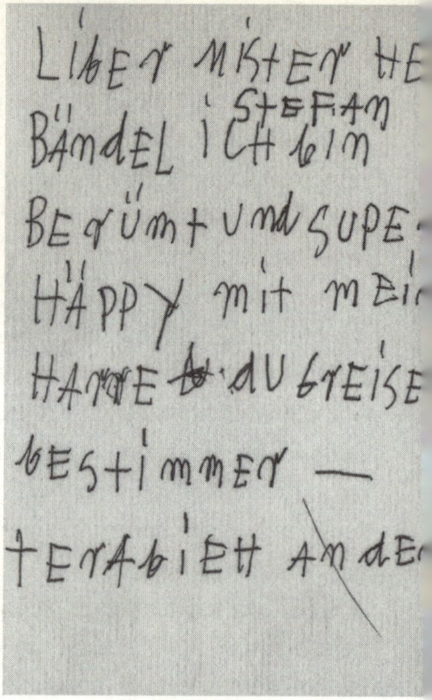


Von solchen Briefen und Notizen schreibt Bobby jeden Tag mindestens eine an Bredi und den »Greisenpeter« oder »Greisenbestimmer« oder – sollte es um Geld gehen, das er braucht – an »Detlev Geldgeber«.

hen mußte, soll Bobby sogar an den vertraglich vereinbarten Drehschluß erinnert und dazwischengerufen haben: »Die unterbricht jetzt sofort.«

»Was ist los?« wollte Fischerauer wissen.

»Die Franziska unterbricht«, forderte Bobby.

»Gar nichts tu' ich«, verteidigte sich Frau Berger.

»Doch, es ist halb sieben«, Bobby blieb eisern und tippte dabei auf seine Uhr.

»Hast du heute Starallüren?« fragt Bernd Fischerauer Bobby in solchen Situationen. »Filmen ist ein harter Job, hat man dir das nicht gesagt, Mister De Niro?«

Und dann kann schon mal von Bobby zurückkommen: »Du alter Knacker, trink deinen Wein und laß mich in Ruhe.«

Ein Ton, den Fischerauer Bobby nicht übelnimmt. Er weiß, daß es Autoritäten für Bobby nicht gibt. Für meinen Bruder sind alle Leute gleich, deshalb duzt er auch alle, egal ob alt oder jung. Auch Begriffe wie Respekt oder Furcht existieren für ihn nicht. Spaß haben ist für ihn wichtig, daß er liebe Menschen um sich hat und gutes Essen. Bobby lebt im Hier und Jetzt, wie ihn eben auch das, was zukünftig oder vergangen ist, nicht interessiert. Als Fischerauer Bobby nach Ende der Dreharbeiten die ersten Kopien des Films zeigen wollte, hatte Bobby dafür überhaupt nichts übrig. Jeder andere Schauspieler kann dieses Ereignis kaum erwarten, doch Bobby interessierte der Film erst wieder, als er wirklich abends im Fernsehen gesendet wurde.

Der Spiegel schrieb damals: »Bemängeln läßt sich allenfalls, daß das Leben mit dem behinderten Bobby allzu romantisch dargestellt wurde« – und vieles am Film betrachteten auch Udo und ich mit gemischten Gefühlen. So wurde Bobby, der damals 37 war, ein bißchen als Kind verpackt. Mit dem Teddy unterm Arm, der Kappe auf dem Kopf und dem Satz »Bobby ist supertraurig« spielte er sich in die Herzen eines großen Publikums. In der Realität ist Bobby aber viel erwachsener, als der Film es darstellte. Menschen mit Down-Syndrom sind nicht automatisch kindlich, werden aber in unserer Gesellschaft voller Vorurteile meistens so behandelt. Viele wenden sogar eine Art Babysprache an, wenn sie auf Menschen mit Down-Syndrom treffen. Wir haben das oft bei Ärzten oder auf Ämtern erlebt. Das Schlimmste, was uns in dieser Hinsicht passiert ist, geschah ausgerechnet zu einer Zeit, in der Udo und ich meinen Bruder auch erst »kennenlernten«. Natürlich waren Bobby und ich zusammen aufgewachsen, aber in den Jahren bevor er nach München kam, sahen wir uns nur tageweise, und immer waren noch unsere Eltern als Instanz zwischen uns. Ich kannte ihn also noch nicht so genau, daß ich exakt hätte sagen können, wie Bobby in welcher

Situation reagieren würde, wie er bestimmte Dinge empfand, welche Gedanken er sich machte.

Einladungen für Bobby nahmen wir gerne an, weil es nicht nur für Bobby eine Freude war, sondern auch hieß, daß wir einmal etwas ohne ihn unternehmen konnten. So freuten wir uns, als eine Freundin von Udo, die Mutter seines Patenkindes, Bobby zu einer Kinderparty einlud. Er hatte riesengroße Lust, zu der Party zu gehen, und allein schon, daß er erzählen konnte, er sei zu einer Party eingeladen, war für ihn Genuß pur. Bobby erprobte damals ja gerade erst sein selbständigeres Leben und war nicht gerade Stammgast auf Partys. Für ihn war eine solche Einladung etwas Aufregendes und Exotisches. Udo und ich freuten uns auf einen ruhigen Tag zu Hause.

Als Bobby zurückkam, erzählte er nicht viel, nur, daß es schön war. Aber diese Einsilbigkeit war nichts Ungewöhnliches bei ihm. Es konnte ebenso bedeuten, daß es nicht so schön war, wie es auch bedeuten konnte, daß er nur müde war und es doch schön war oder daß es schön war, er aber keine Lust hatte, darüber zu reden. Doch was wirklich los war, klärte sich schneller auf, als wir dachten. Kaum war Bobby zurück, rief Udos Freundin an. Sie erzählte uns, daß Bobby einem Nachbarjungen die Hose aufgemacht und runtergezogen hatte. Nachdem erst alle miteinander gerangelt und »gekämpft« hatten, hatten Bobby und der Junge ihre Hosen geöffnet und sich gegenseitig angesehen. Es waren vermutlich die für Kinder dieses Alters typischen Doktorspiele, und Bobbys Entwicklung war damals durchaus vergleichbar mit der eines sieben- bis achtjährigen Jungen. Jedenfalls hatte sich die Nachbarin und Mutter des Jungen nun bei unserer Freundin beschwert und ihr gesagt, daß es eine Schande sei und sie sich rechtliche Schritte gegen uns vorbehalte, weil wir als Erziehungsberechtigte versagt hätten und ihr Sohn und sie psychischen Schaden davontragen könnten. Darüber hinaus sorgte sich unsere »Freundin« natürlich besonders darum, was die Nachbarn sagen könnten, denn daß diese Geschichte jetzt die Runde machen würde, war nicht nur ihr, sondern auch uns klar. Udo und ich erschraken jedenfalls sehr, was mich dazu veranlaßte, eine befreundete Psychologin oben im Haus aufzusuchen. Ich erzählte ihr völlig aufgelöst die ganze Story, wobei ich auf ein mehrstündiges ernstes Gespräch eingestellt war und darauf, daß Bobby möglicherweise eine Therapie würde machen müssen. Sie jedoch fing schallend an zu lachen und konnte sich gar nicht mehr beruhigen. Was denn das für Leute seien, wollte sie wissen. Daß eher diese Nachbarin in psychologische Behandlung gehöre und nicht Bobby, fand sie. Und daß jedes Kind in dem Alter »Doktorspiele« mache, wenn nicht mit Bobby, dann halt mit jemand anderem. Mir fielen tausend Steine vom Herzen, denn ich kannte Bobby gut genug, um zu wissen, daß er der harmloseste Mensch unter der Sonne ist. Daß er jetzt als Buhmann hingestellt werden sollte, weil irgendwelche Vorurteile dies nahelegten, verletzte mich tief. Ich ging zurück in unsere Wohnung und erzählte Udo, der inzwischen damit beschäftigt war, Bobby zu entlocken, was er denn mit dem Nachbarjungen gemacht habe, von der Einschätzung der Psychologin. Udo war genauso erleichtert wie ich und froh, daß unser erster Gedanke nach dieser Nachricht uns doch nicht getrogen hatte. Danach hatten wir lange keinen Kontakt mehr mit jener Freundin. Für Udo tat mir das leid, weil ich wußte, daß er an seinem Patenkind sehr hing und für ihn der Verlust größer war als für mich. Aber daß man Bobby Unrecht tat, konnte er ebensowenig ertragen wie ich. Da waren wir uns einig.

Auch die Medien werden Behinderten bei ihrer Berichterstattung oft nicht gerecht. Immer wieder betiteln Journalisten ihre Artikel über Bobby mit Sätzen wie »Toll, wie Bobby mit seiner Krankheit umgeht« oder »Bobby leidet am Down-Syndrom«. Menschen mit Down-Syndrom »leiden« aber nicht und fühlen sich demzufolge auch nicht krank.

Das Down-Syndrom ist keine Krankheit, sondern eine seltene genetische Konstellation des Menschen, bei der das Chromosom 21 dreifach statt doppelt vorhanden ist. Die Wissenschaft hat keine Möglichkeit, diesen Defekt, der etwa bei einem von 800 Neugeborenen auftritt – und zwar weltweit gleich häufig –, zu reparieren. Seit der britische Arzt John Langdon H. Down das Syndrom 1866 zum ersten Mal beschrieb, hat sich daran nichts geändert.

In unserer Gesellschaft gibt es viel zuwenig Wissen über Trisomie 21 und viel zu viele Vorurteile. So antwortete zum Beispiel Senta Berger in einem Interview auf die Frage, wie sie die Dreharbeiten mit Bobby empfunden habe: »Er kann lesen und schreiben, und er hat ein enormes Zahlengedächtnis. Er wußte bereits, welche Einstellungen in drei Wochen geplant sind.«

Ich glaube, diese Unwissenheit ist dafür verantwortlich, daß geistig Behinderte so oft ausgegrenzt werden. Man traut ihnen nichts zu, weil man sie nicht kennt.

Was würde Senta Berger erst sagen, wenn sie wüßte, daß »Der Spiegel« Bobbys Lieblingsmagazin ist und er das wöchentliche Fernsehprogramm auf die Minute genau auswendig kennt?

Auch dazu soll Bobbys Karriere beitragen, daß die Leute sich dafür interessieren, was das Down-Syndrom eigentlich ist. Die Vorurteile der Kriegs- und Nachkriegsgeneration halten sich hartnäckig, viele denken immer noch, daß Kinder mit Down-Syndrom das 30. Lebensjahr nicht erreichen, daß ihre Eltern überdurchschnittlich alt sind und vieles mehr. In Wirklichkeit werden allein in Deutschland jährlich mehr als 1000 Kinder mit Trisomie 21 geboren, deren Mütter zu 80 Prozent unter fünfundreißig Jahre alt sind und die ein ganz normales Lebensalter erreichen können wie jeder Nichtbehinderte. Ihr Entwicklungs- und Lernpotential ist sehr unterschiedlich, wie bei jedem anderen Menschen. Für Udo und mich war immer wichtig, herauszufinden, was für meinen Bruder möglich ist, auch mit Down-Syndrom – und gerade weil er geistig behindert ist, ist die Leistung, die er am Set bringt auch so hoch einzuschätzen.

## ... und ein Bambi

Nachdem der Film »Liebe und weitere Katastrophen« abgedreht war, träumte Bobby von der Oscar-Preisverleihung und sah sich immer wieder in Abständen – trotz aller Einwände von Udo und mir, wie unwahrscheinlich es doch sei, daß er einen Oscar bekäme, wo er nicht ein-

Bobby mit seinem Bambi.

mal Englisch sprechen könne – auf der großen Hollywood-Bühne eine Dankesrede halten. Doch statt eines Oscars bekam Bobby 1999 einen Bambi, zusammen mit Friedrich von Thun und Senta Berger. Am Tag der Verleihung waren Udo und ich (ich immer mehr als Udo) ziemlich aufgeregt und gespannt, wie Bobby sich auf der Bühne verhalten würde. Friedrich von Thun bedankte sich zuerst ausführlich, und als dann Senta Berger auch noch etwas sagen wollte, hielt Bobby es nicht mehr aus. Er riß ihr vor Begeisterung das Mikrophon aus der Hand, schwenkte den Bambi immer wieder strahlend über dem Kopf hin und her und rief: »Bobby ist supercool.«

Ich kann kaum beschreiben, was in mir vorging. Es war so unfaßbar, daß mein Bruder da oben stand und zusammen mit den vielen Stars geehrt wurde. Mein Bruder, auf den ich immer ein Auge haben mußte, für den

Bobby schwärmt für Uschi Glas. Schon immer.

ich mich immer verantwortlich fühlte, stand plötzlich da oben, und ich durfte ihn begleiten. Bobbys Freude war natürlich auch riesengroß, aber im Vergleich zu mir nahm er den Preis mit großer Gelassenheit hin. Für ihn war diese Auszeichnung, so könnte man sagen, fast die logische Konsequenz seines Films.

Für mich dagegen bedeutete Bobbys Erfolg auch, daß die Gesellschaft sich vielleicht doch ein bißchen bewegte. Wann hatte man je einen geistig behinderten Menschen bei einer solchen Veranstaltung gesehen, und dann noch als Preisträger?

Nach der Verleihung gab es erst einmal ein fulminantes Abendessen, und auf der anschließenden Party war Bobby ganz in seinem Element. Whitney Houston berührte immer wieder Bobbys Schirmmütze mit dem Kommentar: »I like your cap!« (Das aufgestickte »Bobby« paßt perfekt zum Vornamen ihres Mannes Bobby Brown.) Bobby störte das, vor allem weil sie es immer wieder tat.

Selbst als ich – mit meinem Hang zu romantischem Kitsch ein großer Verehrer von Whitney Houston – ihm erklärte, daß Whitneys Mann auch Bobby heißt, sagte er trotzig: »Das ist mir egal, sie soll das lassen.« Aber er tanzte unter anderem mit Claudia Schiffer – die ihm allerdings nun doch zu blond war – und dann mit Uschi Glas, flirtete heftigst mit Jorinde Gersina, die wir zusammen mit ihrem Mann Peter vor vielen Jahren in Barcelona getroffen hatten, lernte Iris Berben, Heino Ferch, Sascha und Goldie Hawn kennen und war vor fünf Uhr morgens nicht ins Bett zu kriegen.

Als wir zurückkamen, war die Suite im Hotel Adlon voller Geschenke. Unter anderem war ein Paket an Herrn und Frau Brederlow mit einer Kulturtasche für den Herrn, einer Handtasche für die Dame, Champagner und vielen Süßigkeiten fürs Kind abgegeben worden. Ich griff mir die Kulturtasche, Bobby saß sofort Pralinen fressend im Bett, während Udo strahlend, affektiert und mit der Handtasche wedelnd durchs Zimmer tänzelte. Bobby krümmte sich vor Lachen.

»Du mußt eine Perücke aufsetzen, Mister Herr Bendel, wie Miss Doubtfire.«

Bobby schlug vor, die Unmenge an Geschenken an unsere Berliner Freunde zu verteilen, und das taten wir dann auch.

## ... in der Werkstatt

Bobby war unglaublich stolz auf seinen Bambi und trug ihn trotz des nicht unerheblichen Gewichts immer in seinem Rucksack mit sich herum, um ihn bereitwillig jedem zu zeigen, der ihn sehen wollte, und auch mal denen, die ihn vielleicht nicht sehen wollten, das nahm er nicht so genau.

Er schleppte den Bambi mit in die Werkstatt und zeigte ihn dort all seinen Kollegen und den Betreuern, und auf der Straße konnte es passieren, daß Bobby, wenn er jemanden traf, den er noch nicht wieder gesehen hatte, sofort den Rucksack von den Schultern nahm, um das goldene Reh herauszuholen und herzuzeigen.

Doch der Alltag hatte ihn bald wieder, und unser Leben verlief wieder weniger spektakulär, als wir es inzwischen schon fast gewöhnt waren. Bobby mußte genau wie vorher jeden Morgen um 6 Uhr 10 aufstehen, um 6 Uhr 30 den Herrn Bredi wecken und um 7 Uhr 05 in den Bus steigen, der ihn vor der Haustür abholt und zur Werkstatt fährt. Seit dem Film war mein Bruder dort für die einen der Star, die anderen machten sich einen Spaß daraus, ihn extra oft »Rolf« zu nennen, worüber Bobby sich anfangs schwer geärgert hat. Inzwischen sagt er dazu auch: »Da schlag' ich doch 'n Ei drauf.«

Bobby geht gern in die Lebenshilfe-Werkstatt, denn er liebt seine Tätigkeit dort. Er webt Teppiche. Seine erste Stelle, in der Metallverarbeitung, wo er Teile für BMW herstellte, die maschinell nicht gefertigt werden können, mochte er gar nicht. Er haßt es, schmutzige Hände zu haben, und Bobby gab keine Ruhe, weil ihm diese Arbeit nicht gefiel – es war ziemlich laut und an-

Die Weberei der Lebenshilfe-Werkstatt. In acht Jahren hat Bobby bestimmt einige hundert Quadratmeter der farbenprächtigsten Teppiche gewebt.

strengend, so daß er immer sehr müde war. Udo und ich haben uns lange umgehört, ob es nicht eine andere Möglichkeit für ihn geben könnte, bis es schließlich klappte. Jetzt ist Bobby zufrieden. Aber Kollegen aus der Werkstatt lädt er nicht zu uns nach Hause ein. Als ich ihn einmal fragte, warum, sagte er nur: »Die sind ja total behindert.« Für ihn gibt es nämlich mehrere Abstufungen: von total behindert über ein bißchen behindert bis gar nicht behindert.

Im großen und ganzen ist die Weberei der Lebenshilfe-Werkstatt für Bobby absolut das richtige. Die Weberei bekommt Aufträge von Kunden, Größe und Farbe der anzufertigenden Teppiche sind jeweils vorgeschrieben. Danach wird die entsprechende Wolle bestellt, und Bobby oder einer seiner Kollegen wird beauftragt, den Teppich zu weben. Dabei können bestimmte Muster verlangt sein, manchmal kann Bobby seiner Kreativität aber auch freien Lauf lassen. Arbeitszeiten, Pausen und Freizeit sind die üblichen, und die Ferien richten sich nach den Schulferien des jeweiligen Bundeslandes.

Bobby nimmt es mit allem, was die Weberei angeht, sehr genau. Wenn er weiß, daß am nächsten Morgen die Wolle für seinen Teppichauftrag geliefert wird, können wir ihn unmöglich überreden, zu Hause zu bleiben, und wenn noch so wichtige Angelegenheiten zu erledigen sind.

Manchmal fragen Udo und ich uns allerdings, ob es wirklich sein muß, daß Bobby in der Werkstatt auch mit Neid und Vorurteilen von seiten der Betreuer zu kämpfen hat. Silvia Raith, die Bobby mittlerweile bei allen Dreharbeiten begleitet und die Rollen mit ihm einstudiert, hat Bobby einmal überraschend besucht, weil sie seine Teppiche sehen wollte, und war erschrokken, wie ablehnend die Mitarbeiter der Werkstatt Bobbys »Zweitberuf« gegenüberstanden. Vielleicht ist es schwierig und oft undankbar, Tag für Tag in der Werkstatt mit geistig Behinderten umzugehen, einen Beruf zu haben, mit dem man eben nicht im Rampenlicht steht, trotzdem könnte man sich auch über Bobbys Erfolge freuen.

Für Bobby soll seine Arbeit in der Lebenshilfe nicht alles sein. Udo und ich suchen immer weiter nach geeigneten Möglichkeiten, um Bobby in seiner Entwicklung noch weiter zu fördern. Gerade haben wir das Augustinum ausfindig gemacht, eine Einrichtung der katholischen Kirche, die Weiterbildungsmaßnahmen anbietet und wo Bobby jetzt mit einem Computerkurs beginnt.

Sicher war die Einrichtung der Lebenshilfe-Werkstätten in den sechziger und siebziger Jahren sehr verdienstvoll, weil es für Familien zuvor keine Möglichkeit gab, ihre behinderten Kinder am normalen Schul- und Arbeitsalltag teilhaben zu lassen und damit auch ihr Lebensgefühl zu steigern. Heute jedoch scheint mir das Konzept der Werkstätten in Teilen überholt. Es gibt zu wenig Weiterbildungsangebote, aber genau das brauchen behinderte Menschen, da sonst ihre Fähigkeiten verkümmern. Lesen, Schreiben, Sprechen, all das muß ständig gefördert werden, sonst bleibt vieles auf der Strecke, wie wir an Bobby gesehen haben. Seit er Sprachunterricht bei einer Sprachtherapeutin hat, macht seine Fähigkeit, sich zu auszudrücken, ständig kleine Fortschritte, und er stottert immer weniger.

Unsere Freundin Annemarie, eine Ärztin im Ruhestand, sagt immer, daß Bobby das große Glück ihres Alters ist, sie liebt ihn, bekocht und verwöhnt ihn. Eines Tages schlug sie vor, ihm Englischunterricht zu geben. Ich hielt das zunächst für eine Schnapsidee. Aber Annemarie ließ nicht locker und bat mich, es wenigstens versuchen zu dürfen, man könne damit ja jederzeit wieder aufhören, falls es sich als unmöglich herausstellen sollte. Ich stimmte zu. Bobby geht seither einmal die Woche zum Englischunterricht. Schon nach der zweiten Unterrichtsstunde ließ Bobby beim Abendessen englische Wörter einfließen. Zuerst ein kleines »Yes«, dann ein »Thank you« und schließlich hatte er ganze Redewendungen in seinen Sprachschatz aufgenommen. Wenn er diese englischen Bruchstücke überraschend beim Essen mit Freunden in die Runde werfen kann, bereitet ihm das besonders viel Spaß.

Wir – und damit meine ich nicht nur Udo und mich heute, sondern lange zuvor unsere Familie in unserer Kinderzeit – hatten immer den Eindruck und die Einstellung, je mehr wir Bobby zutrauen, je mehr wir ihn bei für ihn neuen Dingen ermutigen, desto mehr wächst er über sich hinaus.

# DER GROSSVATER

Der erste große Fan und Förderer, den Bobby hatte, war unser Großvater. Und Bobby hätte keinen besseren finden können. Großvater war ein großer, gutaussehender Mann, der immer Wert auf ein gepflegtes Äußeres und gute Kleidung legte. Er hatte große Augen, graumeliertes Haar und trug schon beim Frühstück entweder Krawatte oder Fliege. Man könnte sagen, daß er eine beeindruckende Erscheinung war, ein Kavalier der alten Schule, gebildet und intelligent, dem eine gewählte Aussprache wichtig war – in besonderen Situationen bediente er sich der französischen Sprache – und der einfach ein angenehmer Mensch war. Einer, den man gern um sich hatte, mit dem es nie langweilig wurde, der mit schwarzem Humor und auch Großzügigkeit verblüffen konnte.

Großvater war ein Mensch, der die Dinge im Leben so nehmen konnte, wie sie eben waren, und uns Kindern auf wundervolle Weise die Welt erklären konnte. Diese Gabe machte ihn in unserer Familie zu einer Art Übervater, der auf die liebevollste Art den Laden zusammen-

Geliebter Großvater.

hielt: seinen Sohn, seine Schwiegertochter Ella, also unsere Mutter, die er über alles liebte, und uns drei Jungs.

Wir verbrachten unsere Kindheit in Mackenbach in der Pfalz, einem kleinen Dorf mitten im Grünen. Als Bobby geboren wurde, war ich zehn, mein Bruder Horst sieben. Ich weiß noch, Horst und ich hatten nicht viel von der Schwangerschaft unserer Mutter mitbekommen, und eines Tages, es war der 17. Juni 1961, nahm mich der Großvater wie so oft mit zu einem seiner ausgedehnten Spaziergänge.

Normalerweise zeigte er uns bei solchen Gelegenheiten die Natur, brachte uns die Namen der Pflanzen bei, die gebräuchlichen, aber auch die lateinischen. Wir beobachteten Tiere, betrachteten ganze Nachmittage lang Käfer und anderes Insektengetier. Doch an diesem Tag war alles anders, denn bei diesem Spaziergang erklärte mir der Großvater, daß wir Kinder bald zu dritt sein würden. Irgendwann hatte die Lust am Herumspazieren ein Ende, und wir machten uns auf den Heimweg. Als wir zu Hause ankamen, war das neue Baby schon da. Ein Junge. Er hieß Rolf. Ich war wie gelähmt vor Anspannung, Neugier und Freude. Er war so winzig, und ich war tief beeindruckt.

Kurz nach der Geburt erzählte unsere Mutter, daß der Doktor zu ihr gesagt habe, sie könne froh sein, daß das Baby so aufgeweckt sei. Und auf ihre Frage, warum das Baby die Zunge nicht im Mund behalten könne (die heraushängende Zunge ist ein wesentliches Merkmal für Down-Syndrom), meinte er nur, das werde sich schon geben, sie solle sich keine Sorgen machen, mit dem Kind sei alles in Ordnung. Wir waren alle unglaublich stolz auf das neue Baby.

Daß mit dem Baby etwas nicht stimmte, merkte anfangs nur der Großvater, und er nahm sich vor, herauszufinden, was mit seinem jüngsten Enkel nicht in Ordnung war. Meine Eltern spürten auch, daß Rolfs Entwicklung anders verlief. – Damals hielten die bekannten Professoren Wunderlich und Haubold an der Universität in Mainz, von Mackenbach anderthalb Stunden Zugfahrt entfernt, zahlreiche Vorträge über das Phänomen Down-Syndrom beziehungsweise, wie man es früher nannte, über Mongolismus. Es dauerte einige Monate, bis der Großvater die Gewißheit hatte, daß Bobby, der im Dorf einfach als Spätentwickler bezeichnet wurde, eine nicht heilbare geistige Behinderung hatte, das Down-Syndrom.

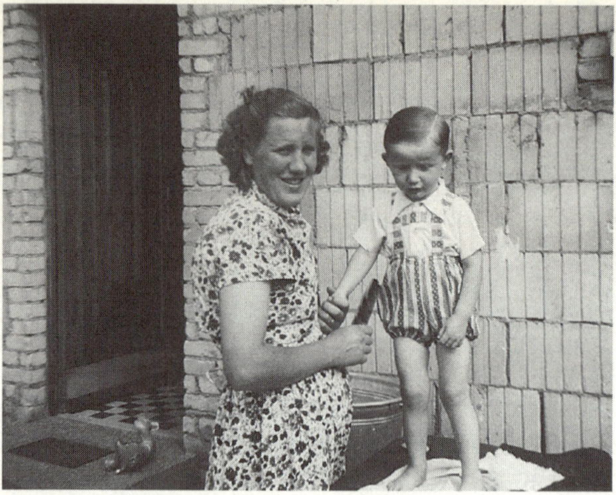

Meine Mutter Ella und ich. Der Scheitel wie mit dem Lineal gezogen ...

In der Familie gab es heftige Diskussionen darüber, und die Eltern zogen es vor, die Behinderung zu verdrängen – sie wollten es zunächst nicht wahrhaben. Alles sollte so normal wie möglich weitergehen, die heile Welt auf jeden Fall erhalten bleiben.

Unsere Mutter war ein Bauernmädel und hatte den Beruf der Säuglingspflegerin erlernt. Sie liebte Kinder und war wohl das, was man eine Glucke nennt. Warmherzig, liebevoll, sehr humorvoll, erklärte sie Kinder zu ihrem absoluten Lebensinhalt. Sie war schlank, fast knochig, hatte brünettes Haar und sprach auffällig pfälzischen Dialekt. Ihr trockener Humor und Mutterwitz, verbunden mit ihrer Geselligkeit und Lebenslust, machten sie zum beliebten Gast auf Partys und Gesellschaften. »Ella, dich auf'm Pfeifenkopf, und man kann

Eines meiner Lieblingsbilder von
Bobby mit Ella.

vor Lachen nicht rauchen«, hatte mein Großvater oft zu ihr gesagt.

Bobby war ein Schmusekind, rothaarig und sommersprossig, das aussah wie eine Käthe-Kruse-Puppe. Das hatte zur Folge, daß er von allen geherzt, geküßt und geknuddelt wurde und alle darauf achteten, ihm jeden Wunsch von den Augen abzulesen. Den Eltern war es wichtig, daß ihre Söhne gleich behandelt wurden. Trotzdem entstand bei uns Brüdern das Gefühl, daß Bobby mehr Zuwendung bekam, nicht nur weil er das Nesthäkchen, sondern weil er behindert war.

Die drei Brederlow-Söhne, Mackenbach,
Mitte der 60er Jahre.

Bobby lernte zwar etwas langsamer und schwerfälliger, aber er ahmte alles nach, was wir ihm vormachten. Er wollte alles können, was wir konnten, und dieser Wille machte auch vor den gefährlichsten Unternehmungen nicht halt. Einmal kletterten wir auf den Kirschbaum im Garten. Bobby war erst drei und konnte das natürlich nicht, wollte aber unbedingt auch auf den Baum. Wir besorgten uns Seile, wickelten sie um den Kinderwagen und zogen Bobby zu uns in den Baum hinauf. Nur, wie wir ihn da wieder herunterbekommen sollten, darüber hatten wir uns keine Gedanken gemacht. Der Wagen steckte im Geflecht der Äste fest, und wir schafften es einfach nicht, ihn zu lösen. Wir heulten und zeterten, Mutter wollte schon die freiwillige Feuerwehr alarmieren. Schließlich half uns ein

Nachbar. Er holte eine Leiter und fummelte die Äste aus dem Kinderwagen.

Unser Haus in Mackenbach habe ich immer als sehr romantisch empfunden. Es hatte eine Steintreppe, die zwischen Haselnußsträuchern hindurch in den Garten führte. Es gab viele Obstbäume, und ein großer Walnußbaum streckte seine Äste mit den ledrigen Blättern über das Haus. Zwischen den Haselnußsträuchern stand eine Holzbank, auf der ich in meiner Kindheit oft gesessen habe. Die Beweggründe hierfür waren verschieden, manchmal waren es lange Gespräche mit meinem Großvater über Gott und die Welt, manchmal zog mich Traurigkeit – es konnte genausogut Freude sein – an diesen geliebten Platz.

Und es gab einen Fischteich, in den wir Kinder auch mal hineinplumpsten. Was mir besonders gefiel, waren die Seerosen. Mein Zimmer lag in der Mansarde unseres Hauses, und einen Stock tiefer konnte ich mich über den Balkon zur Ostseite unbemerkt abseilen, wenn ich auf Streiftour ging. Auf diesem Stockwerk wohnte Großvater, er hatte das Zimmer am Ende des Flurs. Die Zweige des Kirschbaums wuchsen in sein Zimmer hinein, wenn er das Fenster im Sommer geöffnet ließ. Das hat mich immer sehr beeindruckt. Unentwegt saß der Großvater dort an seinem Schreibtisch und schrieb (was er dort schrieb, weiß ich bis heute nicht genau). Jeden Nachmittag legte er sich ein bißchen aufs Ohr, und manchmal durfte ich bei ihm schlafen, was ziemlich spannend war, denn er war ein großartiger Geschichtenerzähler. Eine der Geschichten, die ich immer wieder hören konnte, war die traurige Liebesgeschichte der Sidonia von Borcke. Sie ging so:

*Zu den hervorragendsten Adelsgeschlechtern Pommerns gehörte das der Grafen von Borcke, aus dem dereinst – um die Wende zum 17. Jahrhundert – Sidonia von Borcke hervorging, deren schreckliches Schicksal in der im Jahre 1843 erschienenen Geschichte der Stadt Stargard beschrieben worden ist. Demnach hat die ebenso schöne wie stolze Sidonia ihre Liebe zum Prinzen Ernst Ludwig von Wolgast damit büßen müssen, daß sie im Jahre 1620 in Stettin als Hexe verbrannt wurde.*

*Das Geschlecht derer von Borcke war sehr wohlhabend, und so erbte auch Sidonia so viele Güter und Liegenschaften, daß sie als die reichste Frau in Ostpommern galt. So mancher junge Adelige warb um ihre Hand; aber sie erteilte allen eine Absage, da sie befürchtete, die Freier hätten es vor allem auf ihren Reichtum abgesehen. Stolz erklärte sie, sie werde nur einem der sieben Söhne des Herzogs von Wolgast die Hand zum Ehebunde reichen. Und wirklich machte diese edle Frauengestalt der pommerschen Geschichte auf den Prinzen Ernst Ludwig solchen Eindruck, daß er sie zu heiraten beschloß. Die zarte Liebesgeschichte, die sich nun entspann, fand jedoch ein jähes Ende, weil der junge Prinz gezwungen wurde, seiner Vermählung mit der Prinzessin Hedwig von Braunschweig zuzustimmen.*

*Diese bittere Enttäuschung erfüllte Sidonia von Borcke mit solcher Verzweiflung, daß sie beschloß, ihr Leben hinter Klostermauern zu verbringen, und sie trat in das Kloster Marienfließ ein, dessen Äbtissin sie späterhin wurde. Als es sich dann ergab, daß in keiner der Ehen der Prinzen des Fürstenhauses ein Stammhalter geboren wurde, soll sie einmal gesagt haben, dies sei die Strafe des Himmels dafür, daß man ihr die Ehe mit dem*

*Prinzen verwehrt habe. Diese Äußerung aber wurde von den Leuten so ausgelegt, daß Sidonia sich dem Teufel verschrieben und durch Hexenkünste die Kinderlosigkeit der Prinzen herbeigeführt habe.*

*Dieses Gerede führte nun dazu, daß der regierende Herzog Franz die Äbtissin zu Marienfließ unter Anklage der Hexerei stellte, sie nach Stettin bringen und einem »peinlichen Verhör« unterziehen ließ. Sie wurde entsetzlich gefoltert, um das Geständnis zu erzwingen, daß sie das gesamte Herzogshaus verhext habe. Dabei ließ der abergläubische Herzog Sidonia versprechen, daß sie freigelassen werde, wenn sie sein Haus von dem Hexenbanne löse. Sidonia von Borcke aber, halb wahnsinnig von den Torturen, schrie laut, sie habe den Hexenzauber in ein eisernes Hängeschloß gebunden, das sie irgendwo ins Wasser geworfen habe – und so könne sie den Fluch erst widerrufen, wenn man ihr das Schloß bringe. Damit war die Tortur vorerst beendet, doch als man das Schloß trotz eifrigen Suchens an der Stelle, die sie in ihrer Qual angegeben hatte, nicht fand, wurde Sidonia trotz aller Fürsprache der Geistlichkeit und befreundeter Adelsgeschlechter im Jahre 1620 zur Richtstätte geführt und – dies war der einzige »Gnadenbeweis«, der ihr zuteil wurde – nicht lebendig verbrannt, sondern enthauptet, woraufhin ihr Körper den Flammen übergeben wurde. Die Überreste aber wurden doch auf dem Friedhofe oberhalb Stettins beigesetzt, wo noch bis ins 19. Jahrhundert hinein ein Grabstein von Sidonias grausamem Ende kündete.*

*(G. S.)*

Als Bobby noch Rolf hieß.

## ... in der Schule

Mit pädagogischer Akribie beschäftigte sich unser Großvater mit Bobby, so, als sei dieser seine größte Herausforderung. Er brachte ihm – abwechselnd mit Mutter – das Laufen bei, indem er Bobby auf seine Füße stellte und mit ihm durch den Garten marschierte. Stundenlang.

Großvater erzählte Bobby Geschichten, malte mit ihm, brachte ihm Lesen und Schreiben bei. Bobby wurde der Lebensinhalt meines Großvaters, er förderte ihn, wo er nur konnte. Weil es in den sechziger Jahren noch keine Sonderkindergärten oder Sonderschulen für Kinder mit geistiger Behinderung gab, ging Bobby schließlich mit sechs Jahren in die allgemeine Grundschule.

Heute kann ich mich nicht mehr an Einzelheiten aus dieser Zeit erinnern, dafür aber an Bobbys ehemalige Klassenlehrerin, die mir auf meine Frage nach Bobbys Schulzeit einen Brief und ein Klassenfoto schickte. Sie schrieb:

*Sehr geehrter Herr Brederlow,*
*... Ich kann mich noch gut an Bobbys Schulzeit erinnern. Der Anfang brachte uns eine Menge Probleme. Ein behindertes Kind, und dazu noch 25 Schulneulinge, das erfordert von allen Seiten viel Geduld, Einfühlungsvermögen und besondere pädagogische Maßnahmen. Aber wir haben es geschafft. Bobby fühlte sich wohl, wurde allseits anerkannt. Seine Mitschüler akzeptierten Bobbys »Sonderrechte«. Viel Freude bereitete ihm, wenn er beim Wegräumen helfen oder einen Botengang in die Nachbarklasse machen durfte. Besonders stolz war er, wenn er die Wandtafeln sauberwischen durfte. Auch beim Sport und Spiel versuchte ich ihn einzugliedern. Überglücklich war er, wenn er den Ball gefangen hatte, dann hätte er ihn am liebsten gar nicht mehr abgegeben, oder er drückte den Nächststehenden vor Begeisterung so fest, daß ich dann »stören« mußte.*

*Bobby war an Körpergröße und -kraft vielen überlegen, das sehen Sie auch auf dem Bild. Daß Bobby schulisch so weit gefördert werden konnte, ist auch der Mithilfe von Opa Brederlow zu verdanken. Opa brachte Bobby täglich zur Schule und holte ihn mittags wieder ab. Ein kurzes Gespräch über die Arbeit im Unterricht, und Opa übte zu Hause mit ihm.*

*Alle Fernsehübertragungen habe ich verfolgt und wurde wieder an »unsere Schulzeit« erinnert. In seinen*

Erste Reihe ganz links.

*Bewegungen, Gesten und Darstellungen sah ich den Bobby wieder, so wie er in der Schule vor mir stand, lebte und gestikulierte.*

*Ihnen und Bobby weiterhin alles Gute, herzliche Grüße von Bobbys Mackenbacher Lehrerin*

*Elisabeth Hubt*

Alle Brederlow-Kinder wurden sehr verwöhnt, aber Bobby wurde in der Familie behandelt wie ein rohes Ei. Dafür brachte er sich mit viel Charme und Witz ins Familiengeschehen ein. Er war ein Wonneproppen und machte allen Freude. Ob und inwieweit meine Eltern darunter gelitten haben, daß Bobby behindert war, kann ich heute nicht mehr ganz nachvollziehen. Einfach war es sicher nicht für sie, aber ich glaube, sie litten mehr unter dem Gerede der Nachbarn und der anderen Dorfkinder in Mackenbach als unter der Behinderung ihres Sohnes.

Mit unserem Vater am Nordseestrand.

Als mein Vater eines Tages in Mainz eine bessere Position angeboten bekam, beschlossen sie schließlich nach langem Hin und Her, ihr Häuschen auf dem Land zu verlassen und in die Stadt zu ziehen. In Mainz gab es andere Möglichkeiten für Bobby.

Hier war Bobby einfach nicht mehr der einzige Mensch mit Down-Syndrom, meine Eltern lernten andere Familien mit behinderten Kindern kennen und machten die Erfahrung, daß andere Eltern dasselbe erlebt hatten und vor dieselbe Aufgabe gestellt waren: Sie wollten dem behinderten Kind die besten Chancen und Möglichkeiten bieten, die im Rahmen seiner Behinderung möglich waren und die jedem nichtbehinderten Kind auch geboten wurden.

Die Lebenshilfe für Menschen mit geistiger Behinderung, 1958 in Marburg gegründet, hatte sich zur Aufgabe gemacht, behinderte Menschen in speziellen Kin-

Teenage Years, Teenage Dreams.

dergärten, Sonderschulen und später in Werkstätten zu fördern. Eine solche Sonderschule der Lebenshilfe, die geistig behinderte Kinder ab dem 17. Lebensjahr förderte, gab es in Mainz, und dort wurde Bobby nun unterrichtet.

## ... und Flower-Power

Für mich begann zu der Zeit die Loslösung vom Elternhaus. Ich begann in Mannheim ein Kunstgeschichte-Studium an der dortigen Kunstakademie, wechselte dann auf die Fachhochschule für Design in Düsseldorf, wo ich für die Fachrichtung Visuelle Kommunikation eingeschrieben war, besuchte meinen Freund Börries an der Essener Folkwang-Schule, der dort Schauspiel und Regie studierte, und vieles mehr. Es war kurz gesagt ein beruflicher Werdegang, mit dem sich mein Vater alles andere als einverstanden zeigte. Und die wilden siebziger Jahre waren ja auch für die Generation meiner Eltern relativ gewöhnungsbedürftig.

Meine Eltern ahnten, ohne daß darüber gesprochen worden wäre, daß ich sexuell anders orientiert, oder besser gesagt, homosexuell war. Zu der Zeit war Homosexualität allerdings ein absolutes gesellschaftliches Tabu. Doch auch in meinem Fall half der Großvater. Schon immer hatte er ein Gespür gehabt für den Sonderstatus seines Enkels Gerd und die künstlerische Freiheit, die ich beanspruchte, in jeder Hinsicht unterstützt. Vielleicht war er sogar ein wenig stolz darauf. Denn er, der Großvater, war der Schöngeist der Familie, der Belesene, der, den man alles fragen konnte, der sich für Malerei, Literatur und Musik interessierte, und er fand Gefallen an einem ebenfalls künstlerisch interessierten Enkel. Er mochte die Wißbegierde und Neugier, die ich zuweilen an den Tag legte, ja sie machte ihm sogar Spaß. Er teilte meine Leidenschaft für Kunst im weitesten Sinne (in Mathematik, Physik und Geographie war ich eine absolute Null), für das Theater und den Film. Wir redeten über Joseph Beuys, den Dadaismus, die Musik von Jethro Tull. Unglaublich, wenn ich mir das heute vorstelle.

Mein Großvater war für alles aufgeschlossen. Er war ein guter Pädagoge, das heißt, er entdeckte das Neue nicht unbedingt für mich, sondern ließ es mich entdecken und war minütlich bereit, alles von mir Angebrachte zu besprechen. Nichts war ihm fremd oder neu. Solange ich denken kann, war er immer auf dem

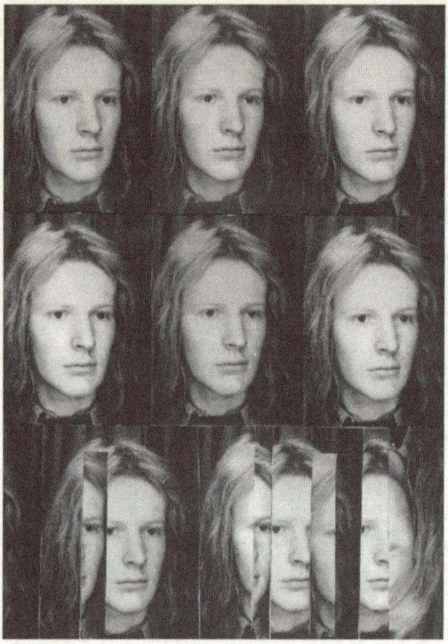

Der Kreative und Schöngeist.

laufenden und erklärte mir alle Dinge voller Enthusiasmus. Ich bin wirklich ein Frage-Enkel gewesen, mußte permanent alles hinterfragen – und er wußte auf fast alles eine Antwort.

Einmal, ich muß gerade in der Pubertät gewesen sein, hatten wir uns gemeinsam ein Theaterstück angesehen, ich denke, es hieß »Der Tod im Apfelbaum«. Ganz bedrohlich saß da in einer Szene der schwarzgekleidete Sensenmann in einem riesigen Apfelbaum und wollte den Großvater holen, was mich auf einem unserer Spaziergänge zu der Frage veranlaßte, was wir machen könnten, wenn Großvater sterben würde. Als wir an der alten Friedhofsmauer vorbeikamen, erklärte mir Großvater, daß man mit Menschen auch nach dem Tod korrespondieren kann. Mir erschien das höchst unwahrscheinlich, ich habe damals nicht verstanden, wie er das meinte, »allein durch Gedankenübertragung kann man in Verbindung bleiben«. Wir einigten uns dann (ich war noch mit dem Begriff »im Himmel sein« beschäftigt) auf der Ebene, daß ich, immer wenn wir kommunizierten, einen Luftballon steigen lassen würde.

Uns verband eine innige Beziehung, und ich konnte mir nicht vorstellen, daß ich jemals ohne Großvater auskommen sollte, ohne seine Art, mein Leben zu begleiten. Er hat mich einfach immer verstanden.

Mein bester Freund, mit dem ich sozusagen aufgewachsen bin, war Börries. Seine Mutter, Ballettmeisterin am Pfalz-Theater in Kaiserslautern, hatte ein Ballettstudio. Mit sechzehn, siebzehn verbrachten wir fast jeden Tag unseres Lebens miteinander. Wir lasen »Twen« und »Pardon«, schrieben uns Briefe, die verrücktesten Briefe – sich gegenseitig alles schriftlich mitzuteilen war unerläßlich. Wir hatten Verbindun-gen zu den Mädchengymnasien, etwas ungeheuer Wichtiges, denn zu unserer Schulzeit waren Mädchen und Jungen getrennt; wir machten einfach alles gemeinsam.

Natürlich waren wir genauestens über Drogen informiert, doch so rechte Erfahrung hatten wir nicht – eher literarische. Eines Tages hatten Börries und ich im Ballettstudio seiner Mutter eine Party organisiert. Auf dieser Party kam ich dann mit dem ersten Joint meines Lebens in Berührung, und nicht nur das.

Wie auf jede Party damals kamen sehr viel mehr Leute, als wir eingeladen hatten, und auch wesentlich ältere. Wir saßen auf dem Boden – das Studio war ja groß genug –, es wurde Musik gehört und geraucht. Mir fiel ein Typ mit Silberblick auf, der ziemlich zerzauste lange Haare hatte. Im nachhinein wurde er in meiner Erinnerung Charles Manson (dem Mörder von Sharon Tate, der Frau von Roman Polanski) immer ähnlicher. Wir rauchten zusammen einen Joint, unsere Blicke trafen sich mit einer Intensität – ich war völlig überwältigt. Kurz bevor sich die Party auflöste, kamen wir uns so nahe, daß sich unsere Körper berührten, mit seinem Zeigefinger fuhr er meine Lippen entlang. Wie vom Blitz getroffen fühlte ich eine wohlige Veränderung in mir – ich war fast besinnungslos.

Mit Börries allein, haben wir uns den Mund fransig geredet. So im Morgengrauen bin ich nach Hause gekommen, wir wohnten etwas außerhalb von Mainz. Mein Großvater war zum Glück noch wach oder schon wieder wach. Ich klopfte und erzählte ihm meine neuen Erlebnisse, froh, ihm alles anvertrauen zu können. Großvater war ein absoluter Geheimnisträger, der mein Heranwachsen natürlich genau beobachtet hatte und den nichts von dem überraschte, was ich ihm beichtete. Er reagierte wenig erstaunt, hatte offensichtlich von meiner Entwicklung nichts anderes erwartet. »Mir war schon lange klar, daß du eine Vorliebe für Männer hast. Man nennt das homosexuell. Am besten, wenn du gleich mit deinen Eltern darüber sprichst, du lebst friedlicher, denn nur die Wahrheit macht Sinn im Leben«, war der Ratschlag, den er mir postwendend erteilte.

Mein Vater allerdings war in allem so ziemlich genau das Gegenteil meines Großvaters. Er wurde 1924 in Pommern geboren, besuchte dort das Gymnasium, wurde nach Abschluß des Gymnasiums zum Militär einberufen und geriet nach Kriegsende über vier Jahre lang in amerikanische Gefangenschaft. Nach seiner Rückkehr begann er seine Ausbildung beim Amtsgericht in Kaiserslautern.

Im nachhinein bin ich mir nicht ganz sicher, ob es meinem Großvater nicht möglicherweise Spaß gemacht hat, daß sein Sohn, den er oft einen »Scheißliberalen« nannte, nun einen schwulen Sohn hatte. Mein Vater jedenfalls nahm diese Neuigkeit nicht so locker auf. Er zog es vor, gar nicht auf die Homosexualität seines Sohnes zu reagieren. Als Beamter hatte er kein Faible für meine künstlerische Ader. Er hätte lieber einen Jura- oder Medizinstudenten zum Sohn gehabt.

Meine Mutter Ella reagierte sehr ungewöhnlich, fand mein Anderssein irgendwie spannend oder interessant. So ernst und streng mein Vater sein konnte, sie war ganz und gar eine Pfälzer Frohnatur. Sie hat sich immer etwas einfallen lassen, und entsprechend oft ging man aus, zum Tanzen oder auf die »Kerb«, eine Art Jahrmarkt. Und sie hatte immer das letzte Wort. Wenn sie und Vater sich ins Gehege kamen, zum Beispiel, wenn es beim Verlassen des Hauses mit Kindern, Großvater und Hund wieder mal hektisch wurde und Vater gar nicht zu bremsen war, konnte es schon vorkommen, daß sie zur letzten Drohung ansetzte: »Gut, dann ziehe ich jetzt hohe Schuhe an!« – Mein Vater, der drei oder vier Zentimeter kleiner war als meine Mutter, konnte es überhaupt nicht leiden, wenn Ella – ohnehin schon ein Meter achtundsiebzig groß – beim gemeinsamen Ausgehen auch noch hochhackige Schuhe trug.

Meine Mutter war in allen Situationen des Lebens von einer großen Natürlichkeit, sie sprach immer mit und

Unsere Eltern.

aus dem Herzen. Auch dieses Mal reagierte sie erstaunlich positiv: Nun hatte sie eben zwei außergewöhnliche Söhne.

Ich hatte mich immer für alles Schöne interessiert, und es erstaunte niemanden, daß ich mich zur Modebranche hingezogen fühlte. Ich liebte alles Extreme, umgab mich gern mit exaltierten Leuten, trug afghanische Felljacken und Jesuslatschen, das Lied »If you're going to San Francisco« war mein Traum, und ich zählte mich zur Flower-Power-Generation. Natürlich ging ich zur Kunstakademie.

Es war eine sehr politische Zeit, wir engagierten uns in der Friedensbewegung, sammelten Unterschriften gegen den Nato-Doppelbeschluß und gegen den Kalten

Krieg. In meinem Zimmer hingen die Beatles neben Mao Tse-tung und über allem das Peace-Zeichen.

Mit Bobby hatte ich in dieser Zeit nicht viel zu tun. Mein mittlerer Bruder, der zu Hause geblieben war, hatte damals mit Sicherheit die engere Bindung zu Bobby. Ich ließ mich überhaupt nicht mehr bei meinen Eltern blicken. Mein politisches Engagement war nicht das Problem, damit konnten meine Eltern umgehen, sie waren liberal (es war auch völlig normal, daß wir unsere Eltern mit Vornamen anredeten), und insgesamt waren bei uns alle sehr diskutierfreudig. Aber der Konflikt zwischen meinem Vater und mir wurde immer größer. Unsere Lebenseinstellungen gingen nicht zusammen, bis ich mich schließlich ganz von ihm lossagte. Mein Großvater litt sehr unter der Situation, vor allem darunter, mich nicht mehr zu sehen. Immer wieder versuchte er, die Familie zusammenzubringen, auch, weil der Gesundheitszustand meines Vaters nicht der beste war. Großvater, der mir sehr viele Briefe geschrieben hat, manchmal unterzeichnet mit »ton grand-père«, schickte mir damals folgenden Brief, der mich sehr bewegte:

*Gonsenheim, am 8. 2. 74*

*Lieber Gerd!*
*Laß Dir mal was Wichtiges mitteilen! ... Du hast noch viel vor und noch einen weiten Weg zu gehen. Warum willst Du den allein gehen? Die täglichen kleinen Hindernisse werden ihn Dir erschweren. Warum das? Es ist m. E. kein so großer Schritt, zu sagen, zu schreiben oder zu telefonieren: »Es tut mir leid, darf ich nach Hause kommen?« Glaube mir, Du wirst allen eine Freude ma-*

*chen, und Dir selbst wird es eine Erleichterung sein. Darum, hinweg mit aller Heimlichtuerei, es muß noch manches für Dich besprochen und geregelt werden. Doch das kann nur gemeinsam geschehen. Deshalb, lieber Gerd, bitte ich Dich inständig. komm zurück, und alles ist vergessen, Du machst uns allen eine große Freude und tust Dir und Deinem Fortkommen einen großen Dienst. Dein Vater ist immer noch ein sehr kranker Mann, tu ihm den Gefallen, es wird ihm sein hartes Los erleichtern, und Deine Mutter wird Dir gern die Sorgen des Alltags abnehmen. Dieser Brief soll die letzte Heimlichkeit sein zwischen uns, und wenn wir zusammenstehen, laß kommen, was da will, wir werden es meistern, glaub mir, Gerd, Du vergibst Dir nichts und bleibst der Gewinner, niemand wird Dir das versagen, sondern bestimmt lobend anerkennen. Dein Bruder ist mit mir gleicher Meinung. Also, lieber Gerd, wag's und Du gewinnst! Laß uns miteinander offen sein! Ich warte bangen Herzens auf Nachricht von Dir, die für alle gilt. In der Hoffnung, daß Dich mein Brief noch vor dem Abschluß Deines Examens erreicht, alle guten Wünsche für Dich und herzliche Grüße, immer Dein Großvater.*

Erst viel später erkannte ich die Verzweiflung in diesem Brief, seinen Hilferuf. Damals war ich nicht in der Lage, seiner Bitte zu folgen. Schließlich gab er auf.

In dem Jahr, in dem ich Udo, meine große Liebe, kennenlernte, starb er. Es war ein plötzlicher Herzstillstand im 86. Lebensjahr. Die Nachricht erreichte mich in Düsseldorf. Es war für mich, als bräche die Welt zusammen. Großvaters Tod war der erste große Verlust, den ich im Leben verspürte, und ich konnte ihn kaum ver-

Le Beau, Udo, wurde sogleich von Bobby ins Herz geschlossen.

arbeiten. Ganz schnell wurde mir klar, auf welcher abstrakten Ebene ich bisher über den Tod gesprochen hatte. Nie war es dabei um einen Menschen gegangen, den ich kannte, und mich betraf der Tod dieses einzelnen geliebten Menschen mehr als der Tod hunderttausend Fremder.

Nun war also der Anlaß gegeben, nach längerer Zeit der Abwesenheit im Elternhaus aufzutauchen. So hatte Großvater sein Ziel doch noch erreicht. Durch seinen Tod hatte er es geschafft, die Familie wieder zusammenzubringen. Inzwischen war mein Vater, geschwächt durch einen Schlaganfall, in Frührente gegangen.

Udo wurde sofort in die Familie aufgenommen. Meine Eltern mochten ihn, und bei Bobby hatte er sofort

Das schönste Geschenk – Dawa, die tibetische Hündin.

einen Stein im Brett, weil er ihm zum Geburtstag einen Hund geschenkt hatte, den Bobby über alles liebte und der sehr schnell zu seinem ständigen Begleiter wurde. Ohne seinen tibetischen Ziegenhütehund namens Dawa ging Bobby nirgendwo mehr hin, und der Hund hing ebenso an Bobby.

## . . . Udo, die große Liebe

Udo war, man könnte fast sagen, ohne richtige Familie aufgewachsen, er lebte bei seiner Mutter, den Vater, einen italienischen Kriegsgefangenen, hatte er nie gekannt. Die Mutter hatte nie einen Mann, sondern nur ein Kind gewollt. Heute ist das nichts Außergewöhnliches mehr, damals war es ein undenkbarer Skandal. Udos Mutter war ihrer Zeit weit voraus. Irgendwie schaffte sie es, sich und ihren Sohn in dieser schwierigen Zeit durchzubringen. Gut war Udos Verhältnis zu seiner Mutter nicht, was Udo zum Teil auch sich selbst zuschreibt. Die beiden haben nicht wirklich miteinander reden können, sich nicht wirklich verstanden. Erst kurz vor ihrem Tod, der sehr plötzlich kam und Udo völlig unvorbereitet traf, hatten sich Mutter und Sohn einander wieder genähert. Udo hatte immer den Wunsch nach Geschwistern und einer Familie, und als es später darum ging, Bobby nach München zu holen, stand er voll und ganz hinter der Idee.

Udo und ich zogen im Winter 1975 zusammen nach München. Nach langer Suche hatten wir eine Wohnung in Schwabing gefunden, und wir genossen unser freies, unabhängiges Leben. Bobby und meine Eltern sahen wir ein paarmal im Jahr. Wir waren viel auf Reisen, auch beruflich, ich hatte inzwischen eine eigene Modekollektion herausgebracht, und wenn möglich buchten wir unsere Flüge über Frankfurt, so daß wir in Mainz einen Zwischenstop machen konnten.

Alle sechs Monate hatte Bobby in München einen Termin zur Frischzellentherapie, dann wohnte die ganze Familie bei uns. Bobby gefiel es in München, und wir konnten sehen, wie selbständig er mittlerweile war. Er hatte gelernt, die Uhr zu lesen, und entwickelte beispielsweise eine unglaubliche Sorgfalt im Umgang mit seiner Medikamenteneinnahme. Das Einhalten von Terminen und Uhrzeiten, besser gesagt Ritualen, war damals schon für ihn ähnlich wichtig, wie es in dem Film »Rain

Man« von Dustin Hoffman am Beispiel eines Autisten dargestellt wurde. Bobbys Zahlengedächtnis ist phänomenal, er kann sich Geburtstage oder Nummern merken, die alle anderen schon lange vergessen haben.

Ein Jahr vor dem Tod meines Vaters zog die Familie auf meinen Rat hin wieder in das Häuschen in Mackenbach zurück. Ich hatte damals gerade eine Nostalgiephase und habe meine Eltern regelrecht beschwatzt, diesen Schritt zu tun. Eines Tages, auf dem Rückweg von der Strickerei in Lucca, Italien, in der ein Teil meiner Kollektion hergestellt wurde, riefen wir vom Bodensee aus meine Mutter an und erfuhren die schreckliche Nachricht: Mein Vater war gestorben.

Mein erster Gedanke war, daß meine Mutter, für die ich eine fast geschwisterliche Liebe empfand, mit Bobby zu uns nach München ziehen sollte. Es war immer mein Vater gewesen, der alles für sie geregelt hatte, ohne ihn war sie im Prinzip aufgeschmissen, wie sollte sie alleine zurechtkommen? Am Tag der Beisetzung meines Vaters hockte ich mit ihr in der Küche bei einer Tasse Kaffee und versuchte, sie zu München zu überreden. Udo wartete mit meinen Brüdern schon vor der Aussegnungshalle, als Ella und ich viel zu spät dazukamen. Wir hatten über unser Gespräch fast die Zeit vergessen.

Nach dem Tod unseres Vaters lebte Bobby dann allein mit meiner Mutter und Dawa, seinem geliebten Hund, in Mackenbach. Das kleine Dorf hatte nicht mal mehr Einkaufsmöglichkeiten, und ich bequatschte meine Mutter immer wieder, doch mit Bobby zu uns nach München zu ziehen. Nach vielen Gesprächen hatte sie sich schließlich überzeugen lassen, eine Wohnung zu mieten. Die

Wohnung war ausgesucht, ganz in unserer Nähe, der Umzug schon geplant, doch sie erlebte ihn nicht mehr. Sie starb an einem Herzstillstand, völlig unerwartet, nie war sie ernsthaft krank gewesen. In der Nacht zuvor hatten wir noch gegen zwei Uhr morgens telefoniert. Sie erzählte mir, daß sie am nächsten Morgen mit ihrer Schwester Anneliese zum Arzt fahren wollte. Wenige Stunden später starb sie dann im Auto. Das war am 13. Juni 1988. Ella war nicht nur meine Mutter, sie war auch meine beste Freundin gewesen, ich hatte sie über alles geliebt.

## ... und ein Sorgerechtsproblem

Ich kannte ihren letzten Wunsch: Sie hatte immer gewollt, daß Bobby bei Udo und mir lebt, wenn ihr einmal etwas zustoßen sollte. Doch blauäugig, wie die ganze Familie war, hatten wir versäumt, alles notariell festzulegen. Niemand konnte schließlich ahnen, daß Ella so bald sterben würde, und unsere Eltern waren Traumtänzer, was Bobbys Zukunft anging. Bobby und – nebenbei bemerkt – sein Hund hingen im luftleeren Raum.

Ich war erfolgreich, ständig auf Reisen in der ganzen Welt unterwegs, unser Leben war unstet und voller Hektik. Es schien keine andere Lösung zu geben, als Bobby bei unserem mittleren Bruder unterzubringen, der inzwischen verheiratet war und ein Kind hatte. Eine Zeitlang lebte Bobby dann in Mainz bei der Familie unseres Bruders. Währenddessen überlegte ich mit Udo, ob es nicht möglich sein würde, daß die ganze Familie meines Bruders samt Bobby und Dawa mit Udo und mir in ein Haus in München ziehen könnte. Aber vorerst schien alles in Ordnung zu sein, und Bobby liebte vor allem seinen kleinen Neffen sehr. So waren wir erst mal beruhigt.

Bis zu jenem Tag, an dem mich eine Mainzer Freundin anrief und mir erzählte, daß Bobby in einem Heim angemeldet worden sei. Ich konnte es zuerst gar nicht glauben, und dann war ich außer mir vor Wut. Udo und ich standen regelrecht unter Schock, weil mein mittlerer Bruder es nicht einmal für nötig befunden hatte, mit uns darüber zu sprechen. Er hatte uns vor vollendete Tatsachen stellen wollen.

Kurz entschlossen fuhren wir nach Mainz, um der Sache auf den Grund zu gehen. Auch als mein mittlerer Bruder uns den Zutritt zum Haus meiner Eltern verweigerte, konnten Udo und ich uns nicht im schlimmsten Alptraum ausmalen, welchen Verlauf diese Geschichte noch nehmen sollte. Es begann ein Riesengezeter, ein Kampf der Anwälte, unter anderem wurde uns verboten, Kontakt zu Bobby aufzunehmen, der dieser unglaublichen Situation ohne Schuld ausgesetzt worden war. Dies war sicherlich nicht im Sinne unserer verstorbenen Eltern – wir mußten nicht nur ihren Tod verarbeiten, sondern auch die Brutalität des Bruderhasses kennenlernen, und das war für uns alle, insbesondere für Bobby, eine riesengroße Belastung.

Das Ganze sollte ein jahrelanger Streit werden. Zunächst sah es so aus, als fände man in uns alle Vorurteile gegenüber Schwulen und Behinderten bestätigt. Udo und ich hatten Angst, daß es für das Gericht ganz ausgeschlossen sein könnte, Bobby zwei schwulen Männern anzuvertrauen. Doch letzten Endes wurde uns Bobby in einem mutigen und progressiven Urteil (glücklicherweise lange vor dem Ende des Erbstreits) zugesprochen, mit der Begründung: »Eine gleichgeschlechtliche Beziehung, die seit 16 Jahren besteht, wiegt mehr als eine Ehe, die erst seit einem Jahr besteht.«

Und was unsere Vorstellungen von dem großen Wort »Familie« angeht, so halten wir es spätestens seit damals mit Elizabeth Taylor, die einmal sagte: »Eine Familie ist eine Vereinigung von Menschen, die nur in den seltensten Fällen zusammenpassen.«

# BOBBYS WELT

So zog also Bobby nach München »hinein«, wie er immer sagte, und zwar samt Dawa, die eigentlich seine letzte Bindung ans Elternhaus war. Zu dritt lebten wir mit Hund und Katz in Schwabing, bis sich eines Tages herausstellte, daß Udo eine Hundeallergie hatte. Zuerst brachten wir Dawa zu den Eltern einer Bekannten nach »Oberunterschweinebach«. Da Bobbys Hündin eine tibetische Hütehundzüchtung war, darauf abgerichtet, Ziegen und Schafe zu bewachen, biß sie Fremde gerne in die Fersen, vornehmlich, wenn man am Tisch saß. Kurzum, die alten Herrschaften konnten damit nicht umgehen, und Dawa war nach etwa drei Wochen wieder da, zur großen Freude von Bobby, denn für ihn war die Trennung von seinem Hund schrecklich. Aber natürlich konnte Dawa nicht bleiben. Wenige Tage später erfuhren wir von einem befreundeten Ehepaar, daß eine ältere Dame am Ammersee einen nicht mehr jungen Hund sucht. Der Abschied war fürchterlich, aber es gab keine Alternative. Ich glaube, es war an einem Samstag – einem trüben Samstag. Am nächsten Morgen hörten wir die Nachrichten und den Verkehrsfunk auf Bayern III – wir hören nie Radio, doch an diesem Sonntag taten wir es, warum auch immer –, und plötzlich kam die Durchsage, daß am Ammersee ein herrenloser Hund von Spaziergängern gefunden worden sei, die versucht hatten, das Tier einzufangen. Was bei dem ungewöhnlichen Aussehen und Verhalten des Hundes besonders mutig gewesen sei … Wir sind daraufhin zum Ammersee gefahren, haben Dawa eingefangen und der alten Dame zurückgebracht. Danach haben wir nie wieder angerufen und auch nie wieder nach Dawa gefragt. Es war besser so für uns alle.

## … im Münchner Lehel

In der ersten Zeit bei uns in München hatte Bobby viel zu verarbeiten. Ein Gewohnheitsmensch wie er, der feste Rituale, einen geregelten Tagesablauf und eine sichere Umgebung braucht, kann sich nur schwer und unter großem seelischen Streß an so eingreifende Veränderungen wie den Tod der Eltern, die Auflösung des Elternhauses, den Abschied von liebgewonnenen Freunden in Mainz und schließlich den Umzug nach München in eine relativ unbekannte Stadt mit vielen neuen Gesichtern gewöhnen. Und dann noch der Verlust der geliebten Dawa. Wenn in dieser Anfangszeit das Telefon klingelte, erschrak Bobby jedesmal fürchterlich, weil er ständig dachte, wieder würden neue Veränderungen angekündigt, er werde wieder abgeholt oder er müßte wieder zurück.

Bobbys Zimmer. Nichts darf verstellt werden, nichts darf verschwinden, alles muß aufgehoben werden.

So spielte Bobbys Darm eine Zeitlang verrückt, er machte häufig beim Baden in die Wanne, was für uns alle kein Vergnügen war, aber es hätte Schlimmeres geben können. Mit viel Geduld und Liebe bekamen wir auch das irgendwann in den Griff, und zu diesem Zeitpunkt wußten wir dann auch, daß sich unser Mongobaby jetzt so richtig wohl fühlt und bei uns angekommen ist.

Da ich meistens koche – ich koche leidenschaftlich gern, und Freunde behaupten, auch ganz gut –, habe ich in Bobbys Augen so eine Art Mutterrolle übernommen. Ich habe sogar mal ein Geschenk zum Muttertag von ihm bekommen, mit der Begründung: »Mutter ist immer die Person, die kocht.« Auf jeden Fall war die Organisation unseres Alltags immer mein Ding, und Udo hat sozusagen die Rolle des »Bestimmers«.

Irgendwann mußte ich wieder einmal beruflich verreisen, zur Produktionsüberwachung nach Istanbul, und die beiden allein zu Hause lassen. Bobby kränkelte schon seit ein paar Tagen, hatte ein bißchen Schnupfen und hustete manchmal. Vorsorglich brachte ich aus der Apotheke einen Hustensaft sowie ein Erkältungsbad mit und stellte beides ins Bad. Udo und ich waren daran gewöhnt, dauernd miteinander zu telefonieren. Wer gut angekommen war, rief den anderen an, oder umgekehrt. Ich war kaum aus dem Flieger gestiegen, als ich Udo schon am Handy hatte, der mir erzählte, wie schlecht Bobby sich fühlte, daß er ganz rot im Gesicht sei. Ich beschrieb Herrn Bendel die Flasche Bronchikum und sagte ihm, er solle Bobby etwa drei Eßlöffel und heiße Zitrone verabreichen. Wir legten auf. Zehn Minuten später klingelte das Handy erneut. Udo war ziemlich aufgelöst.

»Er hat Schaum vorm Mund und spuckt es aus«, berichtete er. Im Hintergrund hörte ich Bobby heulen: »Es brennt, es brennt im Mund.«

»Aus welcher Flasche hast du ihm gegeben, Udo, es sind zwei Flaschen, ein Badezusatz und eine Flasche Hustensaft.«

»Aus der größeren Flasche.«

»Mensch, Udo, kannst du denn nicht lesen? Ruf sofort den Arzt an.«

Udo hatte Bobby drei Eßlöffel Badezusatz in heißer Zitrone verabreicht.

Das sollte nicht die einzige Verwechslung bleiben. Einige Zeit danach hatte ich vergessen, meine Tube Enthaarungscreme wegzuräumen. Nachdem Bobby wie jeden Abend bettfertig aus dem Bad kam, um sich mit uns noch etwas im Fernsehen anzuschauen, fiel mir plötzlich auf, daß sein Gesicht immer röter wurde. Ich schnupperte an seiner Haut und roch sofort die Enthaarungscreme. Bobby hatte sie für eine neue Gesichtslotion gehalten, und da er mit Vorliebe unsere Sachen benutzt, hatte er sich das Gesicht gründlich damit eingerieben. Eine gute Stunde muß er das brennende Zeug im Gesicht gehabt haben, ohne auch nur ein Wort zu sagen. Wir wuschen die Creme sorgfältig ab und fuhren in die Klinik. Solche und ähnliche Situationen erlebten wir öfters, wir mußten jederzeit auf alles gefaßt sein, aber ganz daran gewöhnt haben wir uns nie. Für uns alle drei war es eine Zeit des Kennenlernens, und wir lernten jeden Tag dazu.

Bobby hat, wie viele Leute mit Down-Syndrom, einen unglaublich nervigen Ordnungstick, jede Schublade muß zusein, der Zuckerdeckel muß auf dem Zuckertopf liegen und nicht daneben, jeden Abend muß er das Tischset mit dem Frühstücksgedeck für den Morgen zurechtlegen und vieles mehr. Einmal hätte Bobbys Ordnungsliebe beinahe fatale Folgen gehabt. Es war Udos 44. Geburtstag, und ich hatte zusammen mit unserer Freundin Marlies für ihn eine Überraschungsparty organisiert. Am Starnberger See gab es einen stillgelegten Bahnhof mit Restauration, den wir gemietet hatten. Alles sollte draußen stattfinden, rustikal mit Weißwurst und Brezen, später würde dann ein Spanferkel gegrillt werden. Bobby war angehalten zu schweigen wie ein

Grab, was er zu meinem Erstaunen auch durchhielt. Als der große Tag gekommen war, goß es in Strömen. An Biergarten war überhaupt nicht zu denken. Wir saßen also drinnen. Bobby war tief beeindruckt von den vielen blonden Frauen, die gekommen waren, und Udo hatte sich unglaublich gefreut. Alles war wunderbar. Im Verlauf des Abends kam ein Zeitungsverkäufer. Er war durch die offenstehende Glastür hereingegangen, hatte die Runde gemacht und wollte auf dem gleichen Weg, wie er gekommen war, wieder hinaus. Nur war die Glastür inzwischen geschlossen. Unbemerkt hatte Bobby für Ordnung gesorgt. Es gab einen Riesenknall, der die Gäste und uns alle furchtbar erschreckte. Gott sei Dank stand der Abendzeitungsmann heil wieder auf ...

Einmal ging es um eine verantwortungsvolle und hochdotierte Aufgabe, ich sollte in Hongkong eine Produktion überwachen. Es gab keine Wahl, ich war scharf auf den Job und mußte die Gelegenheit wahrnehmen – wie sollte ich sonst jemals nach Fernost kommen? Erst einen Tag vor dem Abflug bekam ich von der Modefirma etwa sechs bis acht Aktenordner mit den von mir gezeichneten Kollektionen und mit Plazierungshinweisen, das heißt mit der Festlegung, welche Betriebe den Zuschnitt, das Nähen, das Färben übernahmen, und mit sonstigen Unterlagen. Das sollte alles mit. Also stapelte ich die Ordner auf einem Haufen in unserer Wohnung. Bobby hatte gerade Ferien und tagsüber manchmal Langeweile. Seinen Ordnungstick hatte ich vollkommen vergessen. Ihn störten die herumstehenden Ordner, die da nicht hingehörten. Heimlich muß er sich außerdem wohl überlegt haben, daß man mein Gepäck verringern könnte, und er machte sich daran, Ordner für Ordner zu entleeren und den Inhalt in kleine Einzelteile zu zerreißen. Akribisch genau zerstückelte er sämtliche Unterlagen und entsorgte sie in den Papiermüll. Kurz vor der Abfahrt fielen mir die Ordner wieder ein. Da das meine erste Fernostreise war und ich sehr aufgeregt war, wollte ich wenigstens noch einen Blick hineinwerfen und mich ein bißchen vorbereiten. Aber von den Ordnern keine Spur. Ich brach in Panik aus und war total nervös, denn es ging ja nicht nur um die Unterlagen. Ich stellte die ganze Wohnung auf den Kopf. Bobby schwieg. Hysterisch schrie ich Udo an, er solle überlegen, ob er die Sachen nicht doch woanders hingelegt haben könnte. Zuletzt fragte ich Bobby, ob er wisse, wo die Aktenordner sein könnten.

»Welche?«

»Bobby, stell dich nicht blöd! Die Ordner!«

»I-Im Papiercontainer.«

Udo und ich gingen gemeinsam zum Innenhof, der von Altbauten eingeschlossen ist. Man muß sich das bildlich vorstellen. Kopfüber hingen wir in den Tonnen, in denen sich natürlich nicht nur die Überbleibsel meiner Unterlagen befanden, sondern auch von allen Hausbewohnern irgend etwas. Unsere Stimmen hallten durch den Hof: »Ist das auch was?« – »Da, paß auf, das gehört auch dazu!« Die Akustik in solchen Altbau-Innenhöfen ist recht gut, die ersten Fenster gingen auf. »Was macht ihr denn da?« Wir erklärten kurz unser Problem und erhielten bald darauf tatkräftige Unterstützung von den Nachbarn. Aber die Zeit schritt voran, ich hatte keine Minute mehr, keine Nerven und keine andere Wahl und mußte schlußendlich alles in großen Umschlägen und Tüten verstauen – und ab nach Fernost.

In Hongkong angekommen, wurde ich von Christine und ihrer Tochter Anna abgeholt. Christine arbeitete schon seit einem Jahr dort. Als ich ihr von dem Malheur erzählte, reagierte sie ganz gelassen. »Jetzt warte mal ab, bis du erst in dem fensterlosen Büro bist«, sagte sie. »Da sitzen bei Neonlicht 50 bis 70 Mitarbeiterinnen. Ein paar von ihnen gibst du das ganze Zeug, die können dir das zusammenkleben. Wirklich, das ist so. Wir sind in Hongkong, und hier ist das alles anders. Schau, zum Beispiel diese Zeitungsfrau (es war an der Fähre von Kow Loon nach Hongkong Island), die Zeitungen sind alle nur neu aufgebügelt, sie kommen aus den Flugzeugabfällen und so weiter, werden hergerichtet und wieder verkauft. Übermorgen sind deine Unterlagen wieder okay!«

Es stimmte tatsächlich, nach ein paar Tagen waren die Unterlagen in einem endlosen Puzzlespiel im fensterlosen Büro wieder zusammengefügt worden. Als ich Bobby später zur Rede stellte, sagte er nur:

»Wieso, Herr Bredi, ich verstehe nicht, warum du dich so aufregst, du hast gesagt, du kannst nicht soviel tragen. Ich wollte doch nur aufräumen und dir helfen.«

Bobby war im guten Glauben, etwas Sinnvolles gemacht zu haben. Schließlich war ich derjenige, der ihn ständig ermahnte, sein Zeug wegzuräumen.

## . . . und in Marokoko

Nach der Hongkongreise war ich als Freelancer ständig unterwegs in China, Indien, der Türkei, den Vereinigten Emiraten und Thailand. Udo und Bobby kamen oft nach, wenn es Udos Zeit zuließ, und so entdeckten wir Bobbys Faible fürs Reisen.

Einmal machten wir einen Osterurlaub in Marokko – ein Vorhaben, das in der Hausgemeinschaft Liebigstraße geboren wurde. Ines machte PR-Arbeit für einen Ferienclub, und schon konnte das halbe Haus zum Sonderpreis reisen.

»Wir fahren nach Marokoko«, sagte Bobby begeistert.

»Marokko«, sagte ich. »Nicht Marokoko, Marokko heißt es.« Aber für Bobby blieb es zunächst bei »Marokoko«, und davon ließ er sich nicht abbringen, Rokoko hatte er schon mal gehört, und Marokoko schien ihm logisch.

Im Hotel gab es Animateure, die ein einstudiertes Unterhaltungsprogramm mit Gesang, Tanz und allem, was dazu gehört, aufführten und die Gäste zum Mitmachen aufforderten, was bei Bobby nicht schwerfiel. Er war total verzückt, klatschte mit, und ehe wir uns versahen, stand er auf, sprang auf die Bühne, hatte plötzlich ein Mikrophon in der Hand und machte mit. Er sang laut und falsch in allen Sprachen und tanzte im falschen Takt zur Musik. Ich habe mich zu Tode geschämt, wollte im Erdboden versinken. Bobby dagegen hämmerte in die Tasten des Klaviers, daß es durch die Mikrophone über die gesamte Ferienanlage schallte. Udo ging an die Luft, und ich flüchtete mich ins Hotelzimmer, fest entschlossen, nie wieder herauszukommen.

Kamele, Kamele in Marokoko.

Vergeblich versuchte unsere Freundin Inga, Bobby von der Bühne zu holen. Er ließ sich durch nichts beirren.

Als wir am nächsten Morgen den Frühstückssaal betraten, kam uns der italienische Oberkellner schon entgegen, und ich erwartete das Schlimmste.

»Complimenti, complimenti!« rief er uns zu.

Alle, außer Udo und mir, hatten an Bobbys Aufführung Gefallen gefunden und sich amüsiert. Vielleicht haben sie auch nur die Mentalität, alles etwas leichter und von der heiteren Seite zu nehmen. In Deutschland mag man sich eine solche Situation gar nicht vorstellen.

## . . . ein Boathouse auf Phuket

Wir drei und unsere Freundinnen Susanne – besser bekannt als Miss Ellie (weil sie die gleiche Haarfarbe und einen verschrumpelten Hals hat wie die Urmutter in »Dallas«), aber auch Ta-Ellie-Haschi genannt (»Ta« wegen Poona/Ashram, »Haschi« wegen ihrer Joints in Indien) – und Inga wollten zusammen nach Thailand reisen. Inga ist zugleich Bobbys Agentin, die alle seine Engagements koordiniert, was Bobby wiederum nicht davon abhielt, auch sie mit einem Spitznamen zu versehen. »Du säufst ja wie Sue Ellen bei Dallas!« rief er aus, als er Inga einmal morgens gegen elf Uhr mit einem Campari-Orange am Strand erwischte. Thailand interessierte uns, und wir alle haben eine Vorliebe für die asiatische Küche. Den Tip, uns im Boathouse Inn auf Phuket einzumieten, hatten wir von einer guten Freundin bekommen. Es lag abseits von den hinlänglich bekannten Redlight-District-Stränden im Süden der Insel in einer romantischen Bucht.

Zuerst verhielten wir uns wie alle Touristen, besuchten den Gemüsemarkt, besichtigten verschiedene Tempel, den James-Bond-Felsen (Prang Na) und vieles mehr. Das Boathouse Inn war ein kleines Hotel mit Privatstrand, und wir fühlten uns relativ schnell heimisch, unentwegt kam der Roomservice und brachte kalte Coca-Cola. Wir hatten ein Doppelzimmer mit Verbindungstür, und weil ich mich wunderte, wo ständig die Cola und die Sandwiches herkamen, fragte ich die Mädels, ob sie das auch hätten. Natürlich nicht! Ein Blick zu Bobby genügte:

»Schau mal, Bredi, das ist ganz einfach.« Er tippte mit

In Thailand mit Miss Ellie und Sue Ellen.

dem Finger aufs Telefon: »Hier steht es doch, Roomservice, man braucht da nur anrufen.«

Es war heiß, und nachdem wir die Umgebung erkundet hatten, verbrachten wir die meiste Zeit damit, faul am Strand herumzuliegen, zu schlafen und zu lesen. Neben Faulenzen war Tratschen über andere Leute unsere Lieblingsbeschäftigung. Wir konnten Stunden damit verbringen, an irgendwelchen Plätzen zu sitzen oder zu liegen und uns die anderen Leute anzuschauen, um darüber zu spekulieren, wie alt sie waren und was sie von Beruf sein könnten oder in welcher Beziehung sie zueinander standen.

Rechts von uns in der Badebucht lag eine Dame mittleren Alters mit einem, wie wir fanden, unglaublich gutaussehenden jungen Mann – und da waren wir uns ausnahmsweise alle einig. Daß die Dame mittleren Alters Geld hatte, konnte man unschwer erkennen. Und nun begannen unsere Mutmaßungen. Wir dachten uns die verschiedensten Storys um dieses ungleiche Paar aus und waren uns schließlich sicher, die Geschichte der beiden herausgefunden zu haben.

Wir vermuteten, daß der junge Mann der jugendliche Liebhaber der Dame sei und dafür während der Reise ausgehalten wurde. Abends mußte er die reiche Witwe verwöhnen. Daß sie Witwe war, unterstellten wir. Wir amüsierten uns köstlich, die Sonne schien, es ging uns gut, und niemand von uns hatte Bobby beachtet. Der saß plötzlich auf der Liege der Dame und rief in die heiße Mittagsstille zu uns rüber:

»Das stimmt nicht, das ist gar nicht der L-Liebhaber, das ist der S-Sebastian, das ist der Sohn, und der hat seine Freundin auch dabei, und die sind aus Starnberg.«

Bobby hatte sich längst, ohne daß wir auch nur das geringste gemerkt hätten, mit sämtlichen Leuten in der näheren Umgebung bekannt gemacht, so nach dem Motto: »Ich bin der Bobby, und wer bist du?« und war daher über die diversen Familienverhältnisse genauestens informiert. Wir hatten ihn mal wieder unterschätzt. Er hatte sich seelenruhig und stundenlang unsere Ratschereien angehört, ohne auch nur ein Wort dazu beizutragen, und sich dann daran gemacht, die Wahrheit herauszufinden.

Wir wollten im Erdboden versinken vor Scham. Als die Dame sich dann erhob und auf uns zukam, wurde mein Gesicht ganz heiß, ein untrügliches Zeichen für eine unangenehm rote Gesichtsfarbe. Sie stellte sich vor, kam mit uns ins Gespräch, und es stellte sich heraus, daß

Bobby mit dem »jugendlichen Liebhaber« und dessen Freundin.

wir wenigstens in einem recht hatten. Ihr Mann war wirklich verstorben, und nun verbrachte sie den Urlaub mit ihrem Sohn und dessen Freundin. Von nun an saßen wir beim Essen zu acht am Tisch. Über die Peinlichkeit wurde nicht geredet. Wir verstanden uns auf Anhieb und hatten viel Spaß miteinander.

Am selben Strand in derselben Woche lernten wir zwei Mädels und zwei Typen kennen. Sie sprachen nur Englisch, aber Bobby quasselte den ganzen Tag auf einen der beiden Männer ein.

»Bobby, kapierst du das nicht, der versteht kein Wort von dem, was du da redest. Der spricht nicht Deutsch.«

Bobby interessierte das nicht, er redete stundenlang weiter auf ihn ein, und wenn man nicht genau gewußt hätte, daß sie des Deutschen nicht mächtig waren, hätte man meinen können, daß sie sich sehr angeregt unterhielten.

Aber niemand wird je erfahren, was der Inhalt dieses Gesprächs war.

Für uns andere war nur interessant, wer es wohl mit wem trieb, und darüber stellten wir unsere Spekulationen an. Als Bobby das mitbekam, teilte er uns mit, daß er über die vier genau Bescheid wisse, er habe sich schließlich sehr ausführlich mit dem einen unterhalten.

»Die Männer sind schwul, die Frauen lesbisch, die Männer wohnen in einem Zimmer, und die beiden Frauen wohnen auch in einem Zimmer, und eine ist Taucherin.«

»Wieso? Wie kommst du darauf?«

»Die hat einen schwarzen Anzug ganz aus Gummi an.«

Später am Abend sahen wir dann, daß der schwarze Taucheranzug eher ein Gummifetisch war.

Einmal morgens, als wir auf die Frühstücksterrasse kamen, fanden wir Bobby umringt von sämtlichem thailädischen Küchenpersonal.

»Bobby, was machst du denn da«, fragte ich ihn.

»Ich unterhalte mich.«

»Bobby, die können dich aber gar nicht verstehen, weißt du das?«

»Doch. Wir unterhalten uns gut.«

»Aber die verstehen nichts von dem, was du sagst.«

»D-Das ist deren Problem. Ich unterhalte mich gut.«

Susanne lenkte mich ab und schob mich zum Frühstücksbuffet.

»Hauptsache, er hat sein Vergnügen«, meinte sie. Sie

hatte recht, aber ich will in solchen Situationen gerne begreifen, was dahinter steckt, was im Kopf meines Bruders vor sich geht.

Ich glaube, daß die Erkenntnis, daß man nie verstehen wird, wer sie wirklich sind, das Schwerste ist, was man erfahren muß, wenn man an der Seite eines geistig behinderten Menschen lebt. Man kommt nie richtig an sie heran. Sie sind fähig und bereit, ihre konkreten Bedürfnisse mitzuteilen, wie Hunger, Durst, Kopfschmerzen, sie sagen, was sie mögen und nicht mögen oder wenn sie zu etwas keine Lust haben, aber mitzuteilen, was sie sich vorstellen und denken, warum sie etwas so und nicht anders tun, jede Art von Reflexion ist ihnen nicht möglich.

Egal, wie gut ich Bobby inzwischen kenne, wie viele Jahre wir zusammenleben, das ist etwas, womit ich bis heute schwer umgehen kann. Ich will Bobby oft etwas begreiflich machen, will, daß er etwas einsieht und erkennt, was er aber nicht kann, und damit überfordere ich ihn. Er hat seine eigene Logik und strickt sich sein eigenes Weltbild zusammen.

## ... und Truthahnknochen statt Blumen

Unser Freundeskreis ist sehr stabil und zuverlässig, man könnte sagen, er gleicht einer großen Familie. So treffen wir uns seit zehn Jahren jedes Jahr am Todestag von Udos Exfreund, der an Aids gestorben war. Dem Freundeskreis war es wichtig, jedes Jahr mit einem Memorialessen, wie wir es nennen, seiner zu gedenken. Anschließend pilgern alle zu seinem Grab, wo wir ihm Blumen oder andere kleine Geschenke hinlegen. Gerhard war in der Werbebranche tätig gewesen, und so erklärt sich auch, daß der Freundeskreis auf Paris, Düsseldorf, Berlin, die Schweiz und die Toskana verteilt ist. Meistens jedoch findet das Memorialessen in München bei Gisi und Feico statt, und wenn wir uns an einem anderen Ort treffen, holen die Münchener ein paar Tage später den Besuch am Grab nach. So war und ist der Brauch. Eine weitere Tradition ist, daß das Memorialessen immer aus Gerhards Lieblingsgerichten bestehen soll, die dann gemeinsam zubereitet werden. Bei diesen Treffen geht es relativ ausgelassen zu, und das soll auch so sein. Es wird wild durcheinandergeredet, -gekocht, -getrunken, -gegessen, und es werden viele Geschichten über Gerhard erzählt, es ist eben ein Memorial. Bei einem dieser Essen beobachtete ich zuerst zufällig, dann mit Methode, daß Bobby heimlich irgendwelche Dinge in seiner Hosentasche verschwinden ließ, was für mich wieder einmal überhaupt keinen Sinn ergab. Er steckte den Korken von einer Weinflasche ein, eine leere Zigarettenschachtel, die besonders schön war, Knochen, die vom Truthahnessen übrig waren. Was wollte er damit? Wir hatten keinen Hund mehr zu Hause. Als er sich dann noch eine Tüte geben ließ und alles sorgsam darin verstaute, dachte ich, jetzt spinnt er total. Darauf angesprochen, reagierte er gereizt und sagte nur:

»Ich brauch' das, Herr Bredi.«

An dem Abend wurde besonders viel getrunken, denn ein paar Monate vorher war ein anderer unserer Freunde namens Wolf gestorben, so daß ich Bobbys merkwürdigem Treiben irgendwann keine Beachtung mehr schenkte. Ich war viel zu müde. Am nächsten Morgen versammelten wir uns vor dem Münchener Nordfriedhof, um Gerhard zu besuchen und ihm Blumen zu bringen. Während wir nacheinander unsere Blumen aufs Grab legten, packte Bobby umständlich die Plastiktüte vom Vorabend aus und holte ein Gebilde aus all den Utensilien hervor, die er am Abend zuvor heimlich eingesteckt hatte. Mit bunten Bändern hatte er die Zigarettenschachteln, den Korken und die Truthahnknochen um ein weißes Blatt, in das er zuvor mit dem Locher Löcher gezwackt hatte, drapiert. Das Blatt in der Mitte war sein Brief an unseren Freund, und darauf hatte er in großen unbeholfenen Buchstaben geschrieben:

LIEBER GERHARD JAKSCHICK IM HIMMEL!
JETZT BIST DU JA NICHT MEHR SO ALLEIN,
DENN DER WOLF IST AUCH BEI DIR.
WIR HABEN AUF DICH GETRUNKEN UND
GEGESSEN
UND ALLES FÜR DICH AUFGEHOBEN, BOBBY

Wir standen um das Grab herum und waren alle gerührt, eine unserer Freundinnen mußte sogar weinen.

Daß Bobby ein sehr kreativer und phantasievoller Mensch ist, habe ich erst richtig wahrgenommen, seit er bei uns lebt. Er schrieb und schreibt Udo, mir und allen anderen Zettel zu allen Gelegenheiten. Besonders Geburtstagsbriefe, die einerseits auf den Punkt bringen, was er denkt, und auf denen er mit kleinen Zeichnungen geschickt bestimmte Wörter ersetzt und die andererseits zeigen, wie schwer es ihm fällt, die einzelnen Wörter

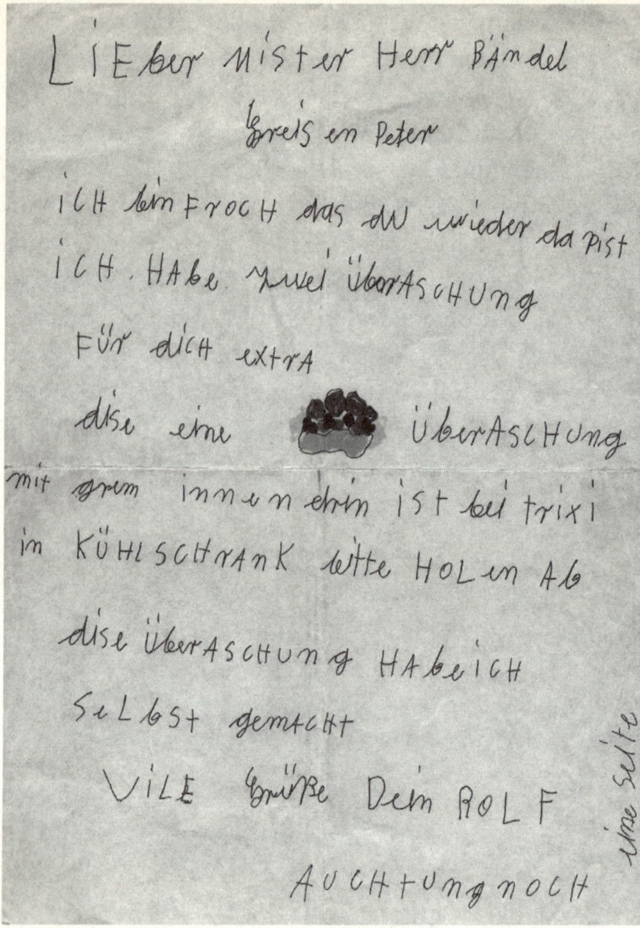

Lieber Mister Herr Bändel

Greis en Peter

ich bin froch das du wieder da pist
ich habe zwei überaschung
für dich extra
dise eine überaschung
mit grem innen drin ist bei trixi
im Kühlschrank bitte holen ab
dise überaschung habe ich
selbst gemacht

Vile Grüße Dein Rolf

Auchtung noch eine Seite

Bobby hatte für Udo zum Geburtstag eine Torte gebacken. Die weitere »kremige Überraschung« im Kühlschrank *war* eine Überraschung im wahrsten Sinne des Wortes – Bobby hatte sie längst verspeist, außerdem gab es eine Kremspeise, die niemand »berühren« durfte, weil sie für

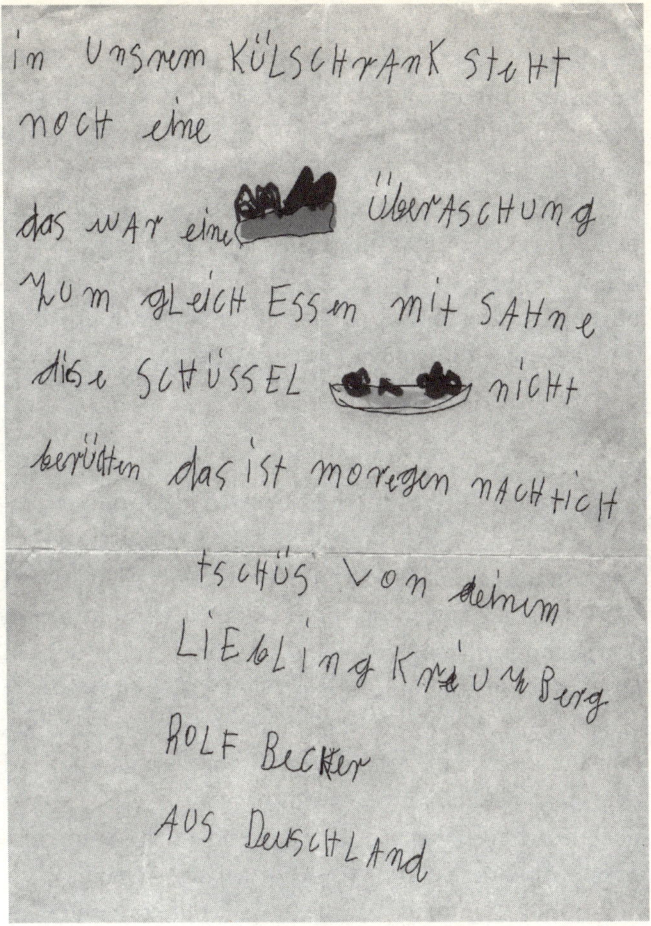

in unsrem KÜLSCHRANK steht
noch eine
das war eine überaschung
zum gleich essen mit SAHne
dise SCHÜSSEL nicht
berühren das ist morgen NACHTICH
tschüs von deinem
LIEBLING KREUZBERG
ROLF BECKER
AUS DEUSCHLAND

den nächsten Tag zum Nachtisch gedacht war. Unterzeichnet ist der »Tortenbrief« mit »Liebling Kreuzberg« – damals Bobbys Lieblingssendung – und »Rolf Becker aus Deutschland«, weil Bobby sich noch Rolf nannte und er die Torten professionell wie ein Bäcker gemacht hatte.

richtig, das heißt nach den gängigen Rechtschreibregeln zu schreiben. Manches erinnert an einen Legastheniker, bei anderen Wörtern hat man den Eindruck, daß Bobby einfach das schreibt, was er spricht, oder was er von seinem Gesprochenen hört. Bobbys Briefe sind auf Grund ihrer Originalität und Kreativität in unserem Bekanntenkreis sehr beliebt. Unser absoluter Lieblingsbrief ist der Tortenbrief (s. o.), den mein Bruder Udo zum Geburtstag schrieb, als er noch Rolf und nicht Bobby hieß und von einer Rolle beim Film nur träumte.

## ... und riesengroße Strichmännchen

Weil wir allmählich eine Ahnung von Bobbys Kreativität bekamen, waren wir von Heidi Haffenrichters Angebot, daß sie Bobby nach der langen Zusammenarbeit bei den Dreharbeiten auch mit in ihr Atelier nehmen und dort großflächige Bilder mit ihm malen könnte, sehr angetan. Sie bespannte fortan mit Bobby Leinwände und langsam, aber kontinuierlich brachte sie ihn dazu, sich in die Malerei zu vertiefen und in ihr eine ganz eigene Ausdrucksmöglichkeit zu sehen. Anfangs hielt sich Bobby sehr genau an Vorlagen, wollte nur nachmalen, sich nichts selber ausdenken. Hauptsächlich malte er riesengroße schwarze Strichmännchen oder einfach ein ganzes Bild voller Striche, immer in der gleichen Farbe, bevorzugt in Blau. Er hatte in der ersten Zeit auch ein sehr ambivalentes Verhältnis zur Farbe und wusch sich immer sofort die Hände, wenn etwas an seine Haut gekommen war. Auch als Heidi Haffenrichter ihm ein

Heidi Haffenrichter mit Bobby beim Malen.

altes bekleckstes Hemd gab, das er anziehen sollte, um seine Sachen nicht zu verderben, war er nicht begeistert. Es widerstrebte ihm, solche befleckten, für ihn schmutzigen Sachen anzuziehen.

Heidi Haffenrichter mußte Bobby zunächst immer wieder ermutigen, doch mal eine andere Farbe zu nehmen, einmal Kreise zu versuchen. Später traute er sich, seinen Gefühlen freien Lauf zu lassen, ihnen Ausdruck zu verleihen. Manchmal stoppte Heidi Bobby dann auch, wenn sie fand, daß ein Bild gelungen war, und jedes Weitermalen es in seiner Wirkung zerstört hätte. Einmal hatte Bobby sich vorgenommen, ein Pferd für Veronika Ferres zu malen, denn sie liebt Pferde. Wir trauten es ihm nicht so richtig zu, aber dann gelang es ihm ganz gut, und es stellte sich heraus, daß Bobby Tiere gut darstellen kann. Er liebt schließlich alles, was vier

Beine hat. Und dann wurden seine Farbkompositionen immer lockerer.

Als seine Bilder eine Ausdruckskraft besaßen, die Udo und mich aus den Schuhen hob, begeisterte uns die Idee, daß Heidi Haffenrichter, die neben ihrer künstlerischen Arbeit die GALERIE im Bayerischen Landesvermessungsamt leitet, eine Ausstellung mit Bobbys Werken organisieren wollte. Zur Vernissage luden wir alle ein, die wir kannten, und Bobbys Schauspielerkollegen dazu. Sie kamen fast alle. Friedrich von Thun, Michael Mendl, Michaela May. An der Seite von Heidi Haffenrichter eröffnete Bobby seine erste eigene Ausstellung mit den üblichen Worten: »D-Die A-Ausstellung ist eröffnet.« Er war sichtlich stolz, als alle wild applaudierten. Aber es war nicht nur eine Show, die wie vieles andere, was Udo und ich Bobby zuliebe arrangierten, sein Selbstbewußtsein stärken und der Gesellschaft zeigen sollte, daß Behinderte auch anders leben und behandelt werden können und daß sie manchmal ganz unglaubliche Fähigkeiten haben, wenn man ihnen nur die Chance gibt, sich auszuprobieren, und sie nicht den Behindertenwerkstätten allein überläßt. Nein, diese Ausstellung zeigte wirklich gute Bilder, und die Besucher erkannten das an und nahmen Bobbys Arbeiten ernst. So waren auch ihre Kommentare der Presse gegenüber.

»Er ist der Held, man ist gespannt, wie es weitergeht. Er trägt das Ding, er hält es fest zusammen«, sagte Michael Mendl den Journalisten zu Bobbys Kunst, und Hans Korte sagte: »Wenn man sucht, findet man auch. Für mich sind seine Bilder sehr spannend, manche Bilder sind nahezu aufregend.«

## . . . mit Delphinen in Key Largo

Ein anderes aufregendes Abenteuer, ja einen jener seltenen magischen Momente erlebten wir, als Mister Herr Bendel, Bobby und ich zum Delphinschwimmen nach Florida flogen. Ich hatte im Fernsehen einen Bericht über die Delphin-Therapie gesehen, die Kindern mit mentalen, körperlichen und psychischen Beeinträchtigungen ermöglicht, neue Wege für ihre positive Entwicklung zu finden und wieder Kontakt mit ihrer Umwelt aufzunehmen.

Bobby liebt Delphine über alles, und als wir von dem Projekt hörten, dachten wir, daß auch für ihn diese Therapie gut sein könnte. Fredo, ein alter Studienfreund von mir, lebt seit vielen Jahren mit seiner Familie in Fort Lauderdale, und wir sollten sie schon längst einmal besuchen kommen. Es dauerte, bis wir einen Termin in Key Largo bekamen, denn die Kurse sind immer auf Jahre ausgebucht, doch schließlich klappte es.

Bevor wir überhaupt ins Wasser kamen, begegneten wir im Hotel einigen Deutschen, die Bobby erkannten. Eine ältere Dame, die mit ihren erwachsenen Enkeln da war, kam auf Bobby zu: »Oh Boy, wo kommt ihr her?«

»München«, sagte ich.

»Mackenbach«, sagte Bobby.

»Oh, Bubsche, mei Putzfra kommt aus Mackenbach, und ich komm' ausem Nachbarort, so eine Freude.«

Man kann jetzt sagen, was ist daran so ungewöhnlich, aber für Bobby war diese Begegnung mit den Leuten, die aus seiner Heimat kamen, plötzlich wichtiger als die Delphine. Er war überglücklich und hat noch lange von

der Frau, die aus dem Ort bei Mackenbach stammte, gesprochen.

Vor dem Schwimmen mit den Delphinen gab es dann für alle Teilnehmer ein langes Gespräch mit einem Therapeuten. Dieses Vorgespräch fand natürlich auf englisch statt, was für uns etwas mühsam war, weil wir Bobby alles übersetzen mußten. Nach dieser theoretischen Einführung kam die Praxis. Wir mußten Brillen aufsetzen und wurden mit einer Art Trampolin ins Wasser gelassen. Mit den Händen hielt man sich an einem Gebilde aus Styropor fest und paddelte mit Schwimmflossen an den Füßen bäuchlings auf dem Wasser. Der Therapeut zog uns dann langsam durch das im Meer abgezäunte Gebiet. Das Wasser war stockdunkel, und ich konnte an nichts anderes mehr denken als an meine Tiefenangst. Bobby schwamm neben mir, er hatte überhaupt keine Angst. Wir sollten ruhig summen oder andere Geräusche machen, nur keine hektischen Bewegungen. Manche wurden nervös, zum Beispiel ich, denn es machte mich unruhig, daß man nichts sehen konnte. Die Sache war unheimlich.

Plötzlich fühlte ich etwas Feuchtes, Glattes an meinem Arm und bekam einen kleinen Schubser.

»Bredi, Bredi, da ist der Delphin«, rief Bobby begeistert.

Und dann passierte etwas ganz Außergewöhnliches. Ein Delphin stupste Bobby an, zog ihn eine ganze Strecke, umkreiste dann mich und stupste mich an. Es war, als hätte der Delphin Bobbys Handicap sofort begriffen und auch die Verbindung zwischen Bobby und mir. Ich hatte Angst, habe mich aber schließlich doch ziehen lassen. Und meine Angst war weg! Sie war auf eine Weise nicht existent, als hätte ich überhaupt niemals Angst gehabt. Dabei habe ich das Tauchen gefürchtet, solange ich denken kann. Ich empfand die Begegnung so, als wolle der Delphin mir sagen: »Sei locker, vertrau mir!« Drei Stunden ließen wir uns von den Delphinen durchs Wasser ziehen, und Bobby wollte nie wieder dort weg.

Wer hätte damals gedacht, daß Bobby vier Jahre später der neue Botschafter von *Dolphin Aid* werden würde ... *Dolphin Aid* ist eine 1995 von Kirsten Kuhnert ins Leben gerufene Organisation, die sich dafür einsetzt, daß immer mehr hilfsbedürftige Kinder diese Therapie machen können. Kirsten Kuhnerts kleiner Sohn, der nach einem schrecklichen Badeunfall im Wachkoma lag, wurde von den Delphinen auf ergreifende Weise zurück ins Leben geholt, und seitdem hat Kirsten ein großes

Netzwerk aufgebaut, unter anderem mit der Unterstützung von Prinz Poldi und Uschi von Bayern, und viele Kinder konnten auf dem Rücken der Delphine auf einzigartige Weise neue Lebensfreude verspüren. Bobby, als einer von Deutschlands prominentesten Behinderten, wird nun versuchen, *Dolphin Aid* noch bekannter zu machen. Ich weiß noch, wie Kirsten bei unserem ersten Telefonat fragte, ob Bobby Botschafter ihres Vereins werden wolle. Auf der Fahrt zum City Hilton, wo dann das Treffen mit Kirsten stattfinden sollte, sagte Bobby: »Ich soll Präsident werden. Ja, ich nehme die Wahl an – so wahr mir Gott helfe«, und dabei legte er zwei Finger zum Schwören des Eides auf eine imaginäre Bibel.

Kirsten Kuhnert hatte die Idee, Bobby zum Delphin-Botschafter zu machen, weil er in der Öffentlichkeit dafür steht, daß alles möglich ist – auch für Menschen mit Behinderungen. Ich glaube, daß er viel dazu beitragen wird, Kindern durch seine Geschichte noch mehr Mut zu machen und Eltern zu motivieren, alle erdenklichen Wege zu gehen, um die Lebensqualität ihrer behinderten, traumatisierten oder auch von Rückenschmerzen geplagten Kinder zu verbessern.

Die Delphin-Therapie kann viel erreichen, meßbare positive Veränderungen bei allen Krankheitsbildern und vor allem Lebensfreude und Glück – und das ist schließlich das wichtigste. Noch in diesem Jahr werden wir drei wieder nach Key Largo fliegen.

Mehr als Kollegen.

Am Set mit Friedrich von Thun, Senta Berger und Regisseur Bernd Fischerauer.

Seine Freude kann einen umhauen: Wenn wir nur ein paar Stunden getrennt waren, kann Bobbys Begrüßung sein, als hätte man sich Jahre nicht gesehen.

Wir zwei in meinem Laden. »Herr Bredi arbeitet direkt im Paradies.«

Bobby auch. Er liebt seine Tätigkeit in der Weberei der Lebenshilfe-Werkstatt.

Das ist mein Bruder: Ein Mensch voller Wärme, Freundlichkeit, Begeisterungsfähigkeit, Harmoniebedürfnis und absoluter Ehrlichkeit.

Die Bambi-Verleihung. Es war unfaßbar. Da oben stand mein Bruder und wurde zusammen mit den vielen Stars geehrt.

Der Film »Bobby«. Am Set mit Margret Völker, Markus Knüfken und Doris Schade.

Diesen Moment mochte Bobby. Ganz sicher.

»Er war vor jeder Szene aufgeregt, ob er es schafft. Ging es gut, platzte er vor Glück aus allen Nähten. In solchen Situationen springt er dann in die Luft, fällt dir um den Hals, gibt dir einen Kuß und sagt, toll. Und lacht und lacht und lacht.« (Veronica Ferres über Bobby)

Bobby (mit Kappe), Herr Bredi (mit Glatze) und
Mister Herr Bendel (mit Haar).

# EIN SUPERSTAR

Nicht nur in Florida, immer öfter wird Bobby inzwischen in der Öffentlichkeit erkannt und um Autogramme gebeten, was ihm eine kindische Freude macht. Bei jedem, der uns auf der Straße entgegenkommt, achtet Bobby nun sehr genau darauf ob und – wenn ja – wie er angeschaut wird. Hat er das Gefühl, daß ihn jemand erkannt hat, kann es geschehen, daß Bobby auf denjenigen zugeht und sagt:

»Ja, ich bin es, der Bobby.«

Der Bayerische Rundfunk hatte Autogrammkarten drucken lassen, das machte es einfacher, weil Bobby sehr langsam schreibt, und für den Fall der Fälle trägt er seitdem immer einige vorgeschriebene Autogramme in der Jackentasche. Für Verwirrung und bizarre Momente sorgte Bobbys »offensives« Autogrammkartenverteilen bisher eigentlich nur, wenn jemand Bobby gar nicht erkannte, sondern ihn wegen seiner Behinderung angeschaut hatte.

Eigentlich, denken wir uns dann oft, sollte jeder Behinderte eine Autogrammkarte dabeihaben, um sie hervorzuholen, wann immer er von irgendwelchen Leuten angestarrt wird. Vielleicht könnte das so manchen zum Nachdenken bringen.

## ... Autogramme in der Kirche

Oda und Christoph, unsere Freunde aus dem Haus, hatten für ein verlängertes Wochenende eine Reise nach Leipzig und Weimar vorgeschlagen. Da es sich um das Goethe-Jahr handelte, hatten Oda und Udo bis hin zu vorbestellten Museumskarten alles mit Akribie vorbereitet. So wandelten wir auf Goethes Spuren in Weimar und waren natürlich nicht die einzigen Touristen. Aus etlichen Reisebussen quollen wahre Menschenmassen heraus, und zu Bobbys Freude hatte ungefähr die Hälfte der Leute »Liebe und weitere Katastrophen« gesehen.

»Ist das nicht der Junge aus der Serie«, rief eine Frau.

»Ja, ich bin es«, antwortete Bobby begeistert.

»Hast du denn nicht den großen Teddy dabei?«

»Nein.«

Daraufhin zog die Frau ihre Jacke aus, knüllte sie zusammen und drückte sie Bobby in den Arm wie ein Schmusetier. Dann bat sie ihn, das »Tier« zu drücken und dabei wie im Film zu sagen, »Bobby ist supertraurig«.

»Bobby ist supertraurig«, sagte Bobby.

»Guck mal, Hermann, er hat es gesagt«, rief die Frau ihrem Mann zu. Der hatte es aber nicht mitgekriegt.

»Och, sag's doch noch mal«, bettelte die Frau.

»Bobby ist supertraurig«, sagte Bobby. Die Frau

Mit dem Teddy unterm Arm wurde Bobby Ackermann berühmt. Dieses Motiv wurde auch Bobbys erste Autogrammkarte.

machte ein Foto und mobilisierte dann den gesamten Reisebus. Kurze Zeit später stand die ganze Touristengruppe mit Fotoapparaten bewaffnet parat, um ein Foto vom »supertraurigen« Bobby zu machen. Wir hatten unsere liebe Mühe, die Situation aufzulösen, denn unsere Eintrittskarten fürs Goethe-Museum galten nur für eine bestimmte Uhrzeit.

Etwas später, in einer Kirche, kam eine Frau auf Bobby zu: »Es ist zwar nicht ganz der richtige Ort, aber kannst du mir trotzdem ein Autogramm geben?«

»Das macht nichts«, sagte Bobby, »ich hab' eins dabei.«

Dann zündete Bobby eine Kerze an.

»Für wen zündest du denn die Kerze an«, fragte die Frau.

»Für meine Mutter«, sagte Bobby.

»Ist Senta Berger denn gestorben?« fragte die Frau sichtlich gerührt.

Ich konnte es nicht fassen.

»Senta Berger war die Filmmutter. Bobbys richtige Mutter ist gestorben, und für sie ist auch die Kerze.«

Man sieht an solchen Vorkommnissen, daß Bobby offenbar nicht der einzige ist, der zwischen Film und Realität nicht unterscheiden kann ...

## ... und Parfüm im Film

Bobby war inzwischen wirklich mit Leib und Seele »Star« und bezog alles auf sich und seine Berühmtheit. Das ging so weit, daß er, als ich ihn eines Morgens bat, seine Jacke überzuziehen, was er jedoch partout nicht wollte, schließlich nach längerem Hin und Her mit dem Fuß aufstampfte und sagte: »Ich bin eine Berühmtheit und mache, was ich will!«

Sein Drang, immer im Mittelpunkt zu stehen und jede Situation an sich zu reißen, kann auch sehr anstrengend und nervend sein. Das hat aber nicht nur mit den Filmen zu tun, Bobby hatte dieses Geltungsbedürfnis schon lange vor der ersten Rolle, und vielleicht ist es eher umgekehrt der Grund dafür, weshalb er überhaupt zum Film wollte.

Als zum Beispiel die Regisseurin Carolin mit Udo und mir einen Film über ein schwules Paar drehen wollte, riß Bobby das Ruder herum. Da es um einen Film ging, nahm Bobby automatisch an, daß es sich dabei nur um ihn handeln könne. Er erklärte sich sofort einverstanden, bis ich ihn zurückdrängte:

»Es geht hier um eine ›schwule Ehe‹, nicht um dich, Bobby.«

Daraufhin winkte Bobby ab und sagte zu Carolin, die er damals gerade erst kennengelernt hatte:

»V-Vergiß es, die beiden s-sind doch sch-schwul, das kannst du vergessen, nimm besser mich, ich bin he-heterosexuell, und ich liebe Frauen.«

»Was gefällt dir denn so an Frauen«, fragte Carolin.

Bobby formte seine Hände vor der Brust und grinste:

»Frauen wackeln immer so, du auch.« Dieser Satz wurde später leider aus dem Dokumentarfilm gestrichen, wie einige andere gute »Mongosprüche«, die als nicht sendefähig eingestuft wurden.

Während der kurzen Filmaufnahmen kam Bobby immer wieder mit anderen Outfits dazwischen, mit neuer Jeansweste, mit Mütze, ohne Mütze, mit Tuch und so fort. Und er parfümierte sich ständig. Irgendwann bin ich mal ausgerastet und machte ihn dezent darauf aufmerksam, daß er roch wie eine Hafennutte, worauf er nur sagte:

»Du spinnst, ich muß doch gut riechen im Fernsehen, Bredi.« Während des ganzen Films gab Bobby stotternd, aber zielsicher Statements zu Udo und mir, »seinen beiden Vätern«, ab und wurde der eigentliche Kommentator des Beitrags. So wußte er, daß Mister Herr Bendel sicher noch eine Frau fände, »aber der Bredi nicht, der hat 'ne

Glatze, das mögen die Frauen gar nicht«. Auf Carolins Frage, was mit seiner Glatze sei, zeigte er verschmitzt auf das zusammengeknotete Tuch auf seinem unbehaarten Kopf und erklärte ihr, er wolle eine blonde Frau, und die werde er auch kriegen.

Der Film war am Ende sein Film, er hatte es wieder einmal geschafft, sich in den Mittelpunkt zu drängen.

Carolin ist seither eine unserer besten Freundinnen, und sie hat mehr als einmal erlebt, daß Bobby die Dinge so einrichtete, wie sie ihm in den Kram paßten. Im einzelnen sah das dann, als er eine ganze Woche mit ihr allein in unserer Wohnung war, so aus: Carolin hatte Bobby abends gebeten, sie morgens zeitig zu wecken, also erschien mein Bruder nackt um acht Uhr früh, rüttelte sie wach und sagte: »Die beiden Buben haben gesagt, wenn Besuch da ist, soll ich was anziehen, aber das ist doch blöd, oder?« Dann trottete er zufrieden und nackt durch die Wohnung. Während Carolin unter der Dusche war, hatte Bobby den Tisch gedeckt. Gut gelaunt sagte er: »Beeil dich, laß uns endlich frühstücken, Carolin!«

Carolin fragte, ob denn nicht, wie geplant, Udo und ich gleich kämen.

»N-Nein, die kommen erst mittags«, log Bobby, »wir frühstücken schon mal zu zweit.« Carolin sollte dann Milch erwärmen, wußte aber nicht, wie sie die Mikrowelle bedienen sollte.

»Bist du blöd«, sagte Bobby, faßte sich dabei an den Kopf, sprang auf, stellte die Mikrowelle an und forderte Carolin auf, gut aufzupassen, damit sie es beim nächsten Mal selber könne.

Für Carolin.

In dem Moment kamen Udo und ich dazu und wunderten uns, warum Bobby und Carolin nicht mit dem Frühstück auf uns gewartet hatten, sondern schon fast fertig waren. Carolin zuckte mit den Schultern, Bobby strahlte uns an und rief: »Wir haben schon gefrühstückt, Herr Bredi, und sie kann nicht mal eine Mikrowelle einschalten.« Auf Essen zu warten ist etwas, was Bobby sehr ungern tut, er versucht es immer wieder mit allen möglichen Tricks und ißt auch gerne mal doppelt.

## . . . und Papageien oder doch lieber Pizza

Während eines Gran-Canaria-Urlaubs, den wir mit unserem verstorbenen Freund Gerhard unternommen hatten, als dieser schon ziemlich krank war, wollten wir uns eine Vogelschau ansehen, weil Bobby uns immer wieder nach den Papageien gefragt hatte. Der Urlaub war nicht ganz einfach, weil Gerhard nicht mehr gerne ins Restaurant ging, auch die Kraft dazu teilweise nicht hatte, und er sich hauptsächlich aus Dosen ernährte. Bobby hatte keine Erfahrung mit Dosen, weil unsere Mutter alles frisch zubereitete und auch Udo und ich uns angewöhnt hatten, gesund zu kochen.

»Wieso ißt der immer nur aus Dosen, der ist doch kein Hund.« Bobby konnte die Welt nicht mehr verstehen. Wir hatten das Gefühl, ihm etwas bieten zu müssen, und kauften Karten für eine Papageien-Show, und Bobby freute sich riesig. Den ganzen Tag sprach er von nichts anderem als von den Papageien.

»Können die sprechen, Bredi?«

»Das kann schon sein, Bobby, aber wenn, dann verstehst du sie nicht.«

»Wieso?«

»Weil sie dann nicht deutsch, sondern spanisch sprechen.«

»Wieso?«

»Weil sie auf der Insel dressiert wurden und man ihnen hier die eigene Sprache beibringt, Bobby, und nicht deine.«

»Stimmt«, sagte Bobby, aber so ganz verstanden hatte er es nicht.

Als wir in dem Garten ankamen, wo die Papageien-Show stattfand, stieg uns der Duft von Pizza in die Nase. Bobby hatte plötzlich einen Riesenhunger auf Pizza. Wir waren einige Stunden unterwegs gewesen, ohne etwas gegessen zu haben, also bestellten wir Pizza. Wir hatten noch etwas Zeit und dachten, daß wir erst die Pizza essen könnten, um uns danach der Papageien-Show zu widmen, über die wir tagsüber schon soviel spekuliert hatten. Aber es waren sehr viele Leute abzuspeisen, wir waren nicht die einzigen, die gerne vor der Show etwas essen wollten. Bobbys Hunger wurde immer größer, sein Gesicht rötete sich leicht vor Ungeduld und Unzufriedenheit. Immer wieder drehte er sich um und schaute die Pizzabäcker vorwurfsvoll an.

»Bobby, schau da nicht immer hin.«

»I-Ich habe aber Hunger.«

»Bobby, alle haben hier jetzt Hunger. Du bist nicht der einzige.«

»A-Aber ich habe größeren Hunger.«

»Das würden die anderen auch sagen, glaubst du nicht?«

»Weiß nich.«

»Ich denke, du freust dich so auf die Papageien?«

»Ja, s-schon.«

»Da brauchst du dann nicht an Pizza denken, oder?«

»Doch, s-schon.«

Der Gong ertönte, alles applaudierte, die Show begann – und die Pizza kam. Für Udo und mich blieb, was sich jetzt abspielen sollte, eines der Schlüsselerlebnisse mit Bobby.

Für Bobby existierte fortan nur die Pizza, und sie erforderte seine ganze Aufmerksamkeit. Er nahm nicht mehr wahr, was links und rechts um ihn herum vor sich ging, die Papageien hatten sein Interesse komplett verloren. Wir guckten uns an und konnten nicht glauben, was wir sahen. Langsam, Stück für Stück, Bissen für Bissen, stopfte Bobby sich die Riesenpizza in den Mund, zwischendurch ein Schlückchen Cola, dann wieder die Pizza. Bobby verspeiste die Pizza so langsam und ohne seinen Blick zu heben, daß die Papageien-Show zu Ende war, ohne daß er auch nur eine kleine Kleinigkeit davon hätte sehen können.

Da begriffen wir, daß mein Bruder nicht zwei Dinge gleichzeitig kann, es geht nur eins von beiden: essen oder einer Show zusehen, beides zusammen ging nicht. Das hatte ich als Kind so nie wahrgenommen, oder vielleicht hatte ich einfach nicht darauf geachtet.

Solche Beobachtungen erstaunen uns zwar immer wieder, stehen aber nicht im Widerspruch zu seinem Eigen-Sinn, nicht nur im Sinne von Eigensinn, sondern durchaus auch positiv im Sinne von: eigene Ideen verwirklichen, eigene Interessen durchsetzen wollen, wissen, was man will, und es auch artikulieren können.

Wenn man es genau betrachtet, liegen in dem Eigensinn, der so typisch für meinen Bruder ist, eine Stärke und eine Schwäche zugleich. Einerseits ist sein Eigensinn mit ein Grund für Bobbys Lebensqualität, die Intensität, mit der er lebt. Dem, was er jeweils gerade vorhat, gilt dann seine ungeteilte Aufmerksamkeit, und er genießt es oder erlebt es voll und ganz. Schwierig wird es auf der anderen Seite immer dann, wenn Bobby mit dem Kopf durch die Wand will. Dann kann er nichts anderes gelten lassen als sich und das, was er genau in diesem Augenblick will.

## ... außerdem eine Ansprache

Eine andere Eigensinn-Episode ist mir in diesem Zusammenhang in Erinnerung. Wir trafen uns vor einiger Zeit in Dresden zu einer Lesung anläßlich einer Ausstellung im Dresdener Hygienemuseum mit dem Titel »Der (im-)perfekte Mensch«. Das Buch, um das es ging, »Verkürzte Kindheit«, widmet sich ausdrücklich den Geschwistern behinderter Menschen, und ich hatte einen Beitrag dafür geschrieben. Wir trafen uns mit den Leuten aus dem Verlag zum Essen, weil wir den Ablauf der Lesung durchsprechen und uns kennenlernen wollten. Nach einer Einführung wollte die Autorin aus zwei Kapiteln vorlesen, und anschließend sollte Bobby das Buch, auf dessen Cover er groß abgebildet ist, signieren. Nach der Besprechung machten wir einen Abendspaziergang durch Dresden, glaubten, wir seien gut vorbereitet, und waren relativ entspannt, als sich Bobby zu Wort meldete.

»Warum kann ich denn nichts vorlesen, Herr Bredi?«

Geschwister eben.

»Bobby, muß das sein? Du hast das Buch nicht geschrieben.«

»Doch, das Buch geht über mich.«

»Nein, Bobby, es geht eben nicht um dich, es geht ausnahmsweise um mich.«

»Stimmt nicht.«

»Doch Bobby, es geht um die Geschwister.«

»Ist nicht wahr, es geht um mich.«

Bobby war nicht mehr davon abzubringen. Wir markierten ihm eine bestimmte Stelle, die er vorher nicht einmal mehr üben konnte, und am nächsten Tag standen wir dann mehr oder weniger unvorbereitet vor dem Hygienemuseum. Drinnen, in einer alten Bibliothek sollte die Lesung stattfinden, die schon überall mit Plakaten, auf denen Bobby abgebildet war, angekündigt wurde. Wir waren ziemlich nervös, weil wir nicht wußten, ob und wie Bobbys Lesung über die Bühne gehen würde, und auch weil der Andrang, aufgrund einer Tombola und eines Sommerfests draußen, nicht so berauschend war. Schließlich begrüßten uns die Redakteure von »Ohrenkuss«, die eine Radiosendung und ein Magazin von und für Menschen mit Down-Syndrom herausbringen. Sie outeten sich alle als Fans von Bobby. Dazu gesellten sich noch einige andere Leute, Mütter, Freunde von Menschen mit Trisomie 21 und Redakteure des ZDF mit Mikrophon und Kamera für die Sendung »Mach mit« der Aktion Mensch, die jeden Samstag gesendet wird. Die Autorin las kurz, denn es war klar, daß Bobby die Veranstaltung zu seiner eigenen Bühne umfunktioniert hatte, so wie er mittlerweile auf seinem Stuhl hin und her rutschte. Er las Kapitel für Kapitel unter großem Beifall, weil er das Gelesene durch entsprechende Gesten untermauerte, und er hörte keineswegs an der vereinbarten Stelle auf. Anschließend gab er den ZDF-Leuten, die für ihre Sendung auch nur an Bobby interessiert waren, ein Interview.

Dann meldeten sich von der Lesung sichtlich beeindruckte Behinderte zu Wort. Mutig kam ein weiblicher Fan von Bobby nach vorne.

»Magst du Sport?« fragte sie.

»Ja, schon.«

»Fußball?«

»Ja, auch.«

»Schalke?«

»Bayern München.«

»Gibst du uns mal ein Interview?«

»Kann ich machen.«

»Machst du?«

»Ja, schon.«

»Klasse.«

Die junge Dame, die eine ähnliche Kappe trug wie Bobby, setzte sich zufrieden wieder an ihren Platz.

Dann kam ein Fan, ebenfalls mit Down-Syndrom, der Bobby einen begeisterten Redeschwall entgegenschleuderte, von dem niemand im Saal auch nur einen Bruchteil verstehen konnte, Bobby selber auch nicht. Alle warteten gespannt, wie Bobby reagieren, was er ihm antworten würde. Bobby, der hier sichtlich den Star gab, sagte nur: »Danke für die Ansprache, mein Freund«, und tippte zur Bekräftigung mit dem Mittel- und Zeigefinger an den Schirm seiner Mütze. Im Saal nur Begeisterung. Eine nichtbehinderte junge Frau fragte Bobby dann, warum er immer so lache. Das sind die Momente, wo ich mir als Bruder dann die Frage stelle, wer eigentlich geistig behindert ist und wer nicht. Sie fragte allen Ernstes, warum Bobby immer so lachte. Warum lacht ein Mensch? Bobbys Antwort kam auch schnell und präzise: »Weil ich mich freue.«

Zum Abschluß fragte ihn ein Journalist, ob er sich für einen Star hielte. »Ja, ich bin ein Superstar«, sagte Bobby und bekam einen Riesenapplaus. Dann signierte er seelenruhig die Bücher. Es war sein Nachmittag, seine Vorstellung, und es ist und bleibt sein Buch und seine »Verkürzte Kindheit«. Ich kann ihm stundenlang das Gegenteil erzählen. Im Flieger auf dem Weg zurück nach München sagte Bobby:

»Das war ein Supertag, Herr Bredi. Ich liebe meine verkürzte Kindheit.«

Und das ist es, was ich mit Eigen-Sinn meine. Mein Bruder verwandelt Situationen oder Ereignisse in seine eigene Veranstaltung, ohne daß man es merkt.

## . . . und Bobby Mutmacher

Bobby ist aber nicht nur sehr eigensinnig, sondern auch sehr engagiert. Im Mai 1999 zum Beispiel wurde Bobby eingeladen, bei der Aktion »Grundgesetz für die Gleichstellung behinderter Menschen« eine Liste von einhunderttausend Unterschriften an die Vizepräsidentin des Bundestags, Antje Vollmer, zu überreichen. Diese Aktion wurde von der Behindertenorganisation »Aktion Mensch« 1997 ins Leben gerufen, und Bobby war ziemlich stolz, denn er liebt es, sich für andere einzusetzen, weil er Diskriminierungen zur Genüge am eigenen Leib erfahren hat und will, daß sich etwas ändert. Auf die Frage eines Journalisten, was er sich denn am meisten wünsche, hat Bobby geantwortet: »Mein Traum ist, Behinderte im Parlament.«

Auch der Schlagersänger Guildo Horn, der Sonderpädagoge ist und jahrelang mit behinderten Menschen gearbeitet hat, war dabei. Irgend jemand hatte die Idee, daß Bobby zu Guildo Horn auf eine Harley-Davidson steigen sollte. Ich bekam es erst zu spät mit und hörte nur noch, wie Bobby, der die Sorge in meinem Gesicht sehr wohl erkannt hatte, mir zurief: »Sei doch nicht so spießig, Herr Bredi.« Dann brauste er lässig und queenlike winkend davon.

Freunde von uns haben Bobby eine eigene Homepage eingerichtet, auf der Bobby seine Fanpost lesen kann. Darin spiegelt sich ganz gut, wie die Öffentlichkeit zu geistig Behinderten steht. Leider zeigt sich, daß es immer noch Menschen gibt, die Behinderte diskriminieren, ja sogar hassen. So war unter www.bobby.de kürzlich erst folgendes zu lesen: »Behinderte raus!!!!!!!!!!!!!! Deutschland muß rein werden.«

Oder: »Mein Hund heißt auch Bobby, ist aber auch intelligenter.«

Mir ist es wichtig, diese E-Mails an die Öffentlichkeit zu bringen, weil man daran sehen kann, daß wir noch weit von »Friede, Freude, Eierkuchen« entfernt sind. Solche Nachrichten versuchen wir natürlich vor Bobby geheimzuhalten, denn er wäre furchtbar verletzt und würde sich das mehr als nötig zu Herzen nehmen, er kann sich, was solche Dinge angeht, schlecht distanzieren.

Glücklicherweise gibt es nicht viele solcher Nachrichten, die meisten sind positiv und zeigen vor allem, wieviel Mut Bobbys Beispiel anderen Menschen mit Down-Syndrom und deren Familien machen kann.

»Hallo Bobby, ich bewundere sehr, was Du in Deinem bisherigen Leben erreicht hast. Das schafft manch einer mit 46 Chromosomen nicht! Ich habe selbst einen fast dreijährigen Sohn mit DS. Mach weiter so!!! Wenn mein Sohn alt genug ist, werde ich ihm von Dir erzählen. Für mich bist Du sozusagen ein Vorbild für ihn.«

Oder: »Als wir Dich zum ersten Mal in dem Film mit Senta Berger sahen, war unser kleiner Sohn gerade mal zwei Tage alt. Einen Tag vorher hatten uns die Ärzte mitgeteilt, daß er das Down-Syndrom hat. Zuerst waren meine Frau und ich erschüttert, doch als wir sahen, was du alles erreicht hast, sahen wir alles mit anderen Augen. Wir haben uns dann spontan entschlossen, den Kleinen Bobby zu nennen.«

Oder: »Hallo Bobby, ich bin Dein größter Fan. Leider habe ich so wie Du das Down-Syndrom. Viele Leute hänseln mich deswegen! Das macht mich sehr traurig!

Was kann ich denn dafür, daß ich eine Behinderung hab'? Wurdest Du früher auch so gehänselt? Mich macht das fertig. Ich hab' mir schon oft überlegt, mir das Leben zu nehmen, aber als ich Deinen Film sah, wie Du mit Freude Deine Rolle gespielt hast, gab mir das Mut weiterzumachen. Ich lasse mich jetzt nicht mehr hänseln und gebe offen zu, daß Du mein großes Vorbild bist! Ich werde immer an Dich denken! Dein allergrößter Fan auf der Welt! Martin«

Manche schreiben einfach nur: »Vielen Dank für Ihre Lebensfreude.«

Im Jahr 2000 hat die »Aktion Mensch« dann Bobby eingeladen, bei ihrer großen Werbekampagne mitzumachen, die man im Fernsehen verfolgen konnte. Mit ZDF-Unterhaltungschef Viktor Worms und Dieter Stolte, ZDF-Intendant, stellte Bobby die Kampagne vor, in der der Name »Aktion Sorgenkind« in »Aktion Mensch« umbenannt wurde. Nach 36 Jahren hatte die Organisation entschieden, daß die Benennung »Aktion Sorgenkind« unzutreffend sei, denn Behinderte sind keine Sorgenkinder, sie sind Menschen und sie sind anders. Menschlichkeit und Respekt sollten durch den neuen Namen besser zum Ausdruck bringen, wofür »Aktion Mensch« eigentlich steht. »Es wird immer wichtiger, auf die unantastbare Würde jedes einzelnen zu pochen und deutlich zu machen, daß das Menschliche gerade in seiner Vielfalt fasziniert«, erklärte Dieter Stolte vor der Presse. »Sich als Menschen zu begegnen. Menschen als Menschen zu respektieren, wie man selbst respektiert werden möchte: Wer zuerst die Behinderung sieht, sieht nicht den Menschen.«

Bobby liebt Fußball, wenn auch eher den FC Bayern als Hertha. Das Shooting für die Kampagne der »Aktion Mensch« hat ihm große Freude gemacht.

Udo, Bobby und ich waren uns sofort einig, das zu unterstützen. Denn durch den Vierteiler »Liebe und weitere Katastrophen« hatte Bobby einen sehr hohen Bekanntheitsgrad, und bestimmt ließ sich das zugunsten dieser Aktion einsetzen. Und so waren Bobby und ich wenig später auf riesigen Plakaten und Postkarten Arm in Arm unter einem roten Regenschirm zu sehen. Auf dem Plakat stand:

*Aus Hilfe wird Partnerschaft.*

*Sich gemeinsam weiterentwickeln, sich auseinandersetzen und sich so akzeptieren, wie man ist. Den Menschen zuerst sehen. Vor seiner Behinderung. So wird aus Rücksicht Respekt, aus Toleranz Anerkennung, und aus Ideen werden Visionen.*

Der goldene Bobby.

Die gleiche Szene, die auf dem Plakat und auf Postkarten zu sehen war, war auch Inhalt des TV-Spots, der eine Zeitlang fast jeden Abend im Fernsehen zu sehen war, wir beide unter einem großen roten Regenschirm, in strömendem Regen, aber glücklich.

Auch bei »Europa malt für krebskranke Kinder« setzte Bobby sein Talent ein und bemalte für diese Hilfsaktion der Dresdner Bank einen Riesen-EURO. Viele Prominente haben sich bei dieser Kampagne engagiert, deren Erlös in die Kinderkrebshilfe gesteckt wurde. Die Schauspielerin Uschi Glas war auch dabei.

Und es gibt sogar einen Preis, der nach Bobby benannt worden ist:

Die Bundesvereinigung Lebenshilfe für Menschen mit

geistiger Behinderung hat ebenfalls 1999 einen Preis für besonderes Engagement für Menschen mit geistiger Behinderung gestiftet. Bobby war der erste, der die Auszeichnung, nämlich den »Bobby«, erhielt. Im Jahr danach bekam Alfred Biolek den »Bobby« und dann »Die Lindenstraße«, die einem Kind mit Down-Syndrom eine Rolle gab und das Thema ausführlich im Rahmen ihrer Möglichkeiten behandelt. Der »Bobby« ist übrigens eine goldene Figur mit Kappe (eben Bobby nachempfunden) auf schwarzem Sockel, die, wie Bobby findet, dem *Oscar* schon sehr nahekommt.

Obwohl Bobby solche Charity-Projekte großen Spaß machen und es niemals ein Thema war, ob er aufgrund seiner Filmkarriere weiterhin in die Werkstatt gehen würde, sein Beruf und sein Leben ist im Selbstverständnis meines Bruders die Schauspielerei. Auch wenn er in der Weberei mit Abstand die schönsten Teppiche webt oder sich beim Malen verwirklichen kann, fehlt ihm doch etwas, wenn er länger nicht dreht. Die Dreharbeiten liebt Bobby am meisten, und wenn man ihn kennt, merkt man, daß er nach einiger Zeit ohne Filmangebot ein bißchen unzufrieden wird.

# DIE REISE NACH INDIEN

Kurz nachdem der Film »Liebe und weitere Katastrophen« zum ersten Mal gesendet worden war, beschlossen wir eines Tages, wieder mit Sue Ellen und Miss Ellie auf große Fahrt zu gehen.

Die Reise ging nach Goa, zwischen Weihnachten und Neujahr, genauer gesagt nach Gandolin, einem kleinen Ort am Strand. Ebenfalls mit von der Partie war Henry, von Bobby Hermès-Henry getauft, weil Henry fast ausschließlich Klamotten von Hermès am Körper trägt, und natürlich durfte Cornelia nicht fehlen, die nur Jil Sander trägt und Vanilla heißt, weil ihre Haare wie Vanillepudding aussehen. Eigentlich hatten wir mit Inga einen gemütlichen Familienurlaub geplant. Doch je mehr sie – typisch Agentin – herumtelefonierte (sie hatte die Planung übernommen), desto mehr Leute wurden wir.

In Indien angekommen, nach 17 Stunden Flug mit Umsteigen in den Arabischen Emiraten, empfing uns eine feucht-schwüle Hitze, und wir waren entsprechend fertig.

Am Flughafen mußten wir nun sehen, wie wir zu dem

Suse, Udo, Inga, Bredi, Bobby – exaltiert war gar kein Ausdruck.

Ort kamen, in dem unsere »Villa« stehen sollte. Eine aufgetakelte Reisegruppe mit Strohhüten, teils in Pink, teils in anderen abenteuerlichen Farben, exaltiert war gar kein Ausdruck, stand nun herum und schaute mißmutig in die Gegend. Wir müssen für die Inder ein abenteuerlicher Anblick gewesen sein. Es war unglaublich heiß, und wir schwitzten, weswegen wir uns mit Taschentüchern oder Zeitschriften Luft zufächelten. Unmittelbar neben uns beobachteten wir andererseits Inder, die ihren Sari anhoben und ihre Notdurft am Straßenrand verrichteten. Ein Anblick, der für alle neu war und den wir zu ignorieren versuchten.

»Herr Bredi, was machen die denn da, wieso setzen die sich immer hin?«

»Es gibt hier keine Toiletten, Bobby.« Bobby schwieg beeindruckt.

Jil-Sander-Vanilla und Hermès-Henry rümpften schon die Nase.

## ... in eine »Villa« am Meer

Schließlich fanden wir einen Kleinbus, der uns über zwei Stunden durch die Hitze beförderte, bei etwa 40 Grad im Schatten. Nach dieser nicht wenig strapaziösen Anreise fanden wir endlich das freistehende Haus am Strand. Die von Inga angemietete »Villa« war ein zweistöckiges Haus mit Terrasse und Balkon, aber in einem alles andere als idealen Zustand. Die Fenster ohne Scheiben, sanitäre Anlagen fast nicht vorhanden, als Dusche dienten gewöhnungsbedürftige Verankerungen, und ein tiefes Loch, das nach draußen führte, war die Toilette. Bettwäsche gab es keine, dafür aber Scharen von Kakerlaken. Als es an die abenteuerliche Aufteilung der Zimmer gehen sollte, erhob sich ein einziges Riesengezeter aus allen Richtungen: »Das will ich nicht«, »Ich fahr sofort wieder nach Hause«, »In das Zimmer geh' ich nicht« und so weiter. Der einzige, der alles nahm, wie es war, war Bobby. Hermès-Henry rastete komplett aus. Vanilla in Jil Sander folgte ihm auf dem Fuße. Sie wollten auf der Stelle abreisen. Mit allen Kreditkarten der Welt bewaffnet, bestellten sie sich ein Taxi, um eine Clubanlage zu suchen, die sie im Ort vermuteten.

Nicht einmal die beiden Flaschen Whisky, die die Mädels im Duty-Free-Shop gekauft hatten, konnten wir auf den Schreck hinunterstürzen – der Whisky mußte gut rationiert werden, weil weit und breit kein Nachschub in Sicht war und er als Medizin vorgesehen war.

Ich sah das Meer, den Himmel, die Weite und schlug vor, das Beste draus zu machen. Udo hatte leere Plastikflaschen gefunden, die er mit dem Messer halbierte und mit Sand füllte, so daß wir überall diese Windlichter aufstellen konnten. Derweil machten Inga, Susanne, also Miss Ellie, Sue Ellen und ich uns auf zu einem Laden, den wir auf der Hinfahrt gesehen hatten, um Insektenvertilger zu kaufen. Es war ein richtiger Krämerladen, wie es sie in Deutschland längst nicht mehr gibt, in dem man fast alles kaufen konnte, und das in den knalligsten Bonbonfarben, die ich je gesehen hatte. Mit Händen und Füßen und auch mittels Zeichnungen versuchte ich mich zu verständigen, und schließlich stand ich vor einem Regal mit dem Ungeziefervernichtungspulver. Die Flaschen sahen so ungewöhnlich aus, daß ich sie anfangs für Wandfarben hielt. Zitronengelb, lila, pink. Dann entdeckten wir auch Saris in allen Farben. Wir kauften für jeden eines der bunten Tücher in seiner Lieblingsfarbe. Für Susanne das Tigermuster, Bobby mag es grell und bunt, Inga mehr lachsfarben, Hermès-Henry lieber gedeckt, Vanilla weiß. Und es gab bunte Plastikeimer, bunte Fußmatten, Toilettenbürsten, Kerzen in Tierform und alles mögliche mehr. Am meisten hatten es mir die Plastiktüten mit Mutter Teresa drauf angetan. Als wir, bepackt bis unters Kinn, zurückkamen, waren wir entschlossen, die Bruchbude in einen Palast zu verwandeln.

In der Zwischenzeit hatte Bobby Sandstraßen gebaut, damit sich die Kakerlaken besser fortbewegen könnten.

Er fragte alle drei Minuten, wo die Elefanten wären, und sagte zwischendurch immer wieder:

»Herr Bredi, ich find' es ganz toll in Indien! Mister Herr Bendel, ich liebe Indien!«

Udo steckte die Kerzen in die improvisierten Plastikwindlichter, und wir machten uns daran, das Haus zu reinigen und dann zu stylen. Wir drapierten die Saris um die Fenster und verzierten die Türen mit von mir gewundenen Kränzen aus Palmwedeln und Palmblättern. Nach ein paar Stunden Arbeit waren wir zufrieden und fanden übereinstimmend, daß man es jetzt schon viel besser aushalten könne.

Inzwischen hatte Inga den Torwart vom Fußballverein Goa aufgegabelt, Casimiro. Casimiro hatte einen Jeep und besorgte mit uns Matratzen und alles, was wir brauchten. Mit etwas Phantasie und Erfindungsgeist schafften wir es, das Haus einigermaßen gemütlich herzurichten. Aus bunten Blechkoffern schufen wir Kommoden für unsere Klamotten, denn es gab keine Kleiderstangen, und für uns war klar, daß wir in dem Haus bleiben wollten, egal was Vanilla und Henry auftaten.

»Bredi, Bredi, komm mal!«

Wir rannten wie von der Tarantel gestochen hinter die Villa.

»Ach, Herr Bredi, ich find's ganz toll in Indien.«

Bobby strahlte übers ganze Gesicht und hockte zwischen einer Schar kleiner pechschwarzer Schweinchen, die sich bei der Sickergrube aufhielten. Warum genau sich die Schweinchen hier so wohl fühlten, sagten wir Bobby lieber nicht.

Völlig entnervt kehrten Hermès-Henry und Vanilla nach mehreren Stunden zurück. Sie hatten eine Ferienanlage gefunden, in der allerdings nichts mehr frei war. Auch der Versuch, Rückflüge zu buchen, war gescheitert. Und mit einer Kreditkarte konnte man in der Clubanlage nichts anfangen. Also hatten die beiden sich entschlossen, ins Haupthaus zu ziehen, das war ein Hotel, zu dem unsere »Villa« gehörte. Dort waren noch zwei Zimmer frei, die einzigen weit und breit, auch die allerdings furchtbar ausgestattet. Inzwischen war unsere Villa so gestylt, daß Henry und Vanilla es fast in Erwägung zogen, wieder einzuziehen.

Wir setzten uns erst mal hin und tranken (außer Bobby natürlich) aus fingerhutgroßen Gläsern etwas von dem Whisky, was auf dieser Reise zu einem allabendlichen Ritual wurde. An diesem ersten Abend stand eine große Erschöpfung und Unzufriedenheit im Raum.

Vanilla hatte all ihre Jil-Sander-T-Shirts zu Bettwäsche umfunktioniert und Hermès-Henry benutzte sein Hermès-Handtuch als Laken. Er hatte die ganze Zeit einen ziemlich rätselhaften Gesichtsausdruck. Als wir später am Abend im gegenüberliegenden Hotel auf der Terrasse saßen, um etwas zu trinken, gab es keinen Wein, sondern nur Wasser. Zum Glück hatten wir noch kleine Weinfläschchen aus dem Flugzeug mitgebracht. Die Wirtin sprach uns schließlich auf die Dekoration der Villa an. Sie war so begeistert, daß sie uns fragte, ob wir nicht auch ihr Hotel dekorieren könnten. Aber was das anging, hielten wir uns zurück.

Nach etwa vier Tagen gaben Henry und Vanilla ihr Vorhaben auf, einen Rückflug zu finden, und zogen wieder in unsere Villa ein. Es schien, daß auch sie langsam anfingen, sich einzugewöhnen.

Der Strand war herrlich, wir lagen viel in der Sonne, gingen schwimmen und genossen die Zeit. Bobby fand alles wunderbar und teilte seine Begeisterung auch allen ausgiebig mit.

## ... mit Plumpsklo

Eines Tages entschlossen wir uns zu einem Gruppenausflug, denn wir wollten endlich mehr von dem Land sehen, in dem wir uns befanden. Wir wurden von Casimiro, dem Torwart des Fuballclubs von Goa, chauffiert. Auf unserem Rückweg mußten wir mit einer Fähre übersetzen, auf der es keine Toiletten gab, und saßen zwischen Käfigen mit Kleingetier, Körben und kleinen Handkarren. Henry mußte zuerst. Kaum hatten wir angelegt, rannte er auch schon los und suchte ein Klo. Mit seinem Panamahut rannte Hermès-Henry kreuz und quer durch die Gegend und krümmte sich vor Schmerzen. Aber es gab kein Klo weit und breit, keinen Busch, nichts. Udo schlug vor, bis zur Rückkehr ins Hotel zu warten – keine Chance. Casimiro schlug vor, zum Haus seiner Tante zu fahren, etwa einen Kilometer entfernt. Wir fuhren los. Unvermittelt bremste Casimiro vor einem kleinen Haus. Sofort kam ein Pulk von Menschen aus dem Haus, alles Verwandte, und sahen uns an. Henry rannte los in Richtung Toilette, während wir anderen uns die Beine vertraten oder einfach nur herumstanden, die Ellbogen auf dem Jeepdach, die Blicke in

Richtung des zu erwartenden Henry. Vor dem Haus der Tante wurde die Menschenmenge immer größer, immer mehr Verwandte kamen auf die Terrasse und blickten zu uns herüber. Von Henry keine Spur.

»Wahrscheinlich stinkt es so erbärmlich, daß die es drin nicht mehr aushalten«, sagte Miss Ellie.

Kinder gingen ständig von Straßenseite zu Straßenseite, bepackt mit großen Plastiktüten. Klopapier fürs Klohäuschen vermuteten wir.

»Herr Bredi, es ist soweit«, sagte Bobby in die Stille. »Jetzt muß ich auch.«

»Oh nein, Bobby, kannst du nicht warten?«

»Kann ich nicht!«

Auch Bobby verschwand jetzt in dieselbe Richtung, und auch er kam nicht zurück.

Wir warteten und warteten und glaubten schon an Entführung, als nach unendlich langer Zeit Henry und Bobby auftauchten.

»Was war denn los? Warum hat das denn so lange gedauert?« fragte ich.

»Laß uns bitte fahren!« sagte Henry in einem Ton, der keine weiteren Fragen duldete. Auch Bobby schwieg.

Später im Auto fragte ich: »Was war denn?«

»Ich möchte nicht darüber sprechen«, sagte Henry.

Erst nach anhaltendem Bitten und Betteln rückte er mit der Geschichte heraus.

Während wir uns in der Hitze die Beine in den Bauch gestanden hatten, hatte Hermès-Henry ein Plumpsklo vorgefunden. Bei der ungewohnt nach vorn gebeugten Haltung war seine Designerbrille mitten in das Loch gefallen und er hatte mit dem Arm in die stinkende Tiefe greifen müssen, um sie wieder herauszufischen. Es war

Hermès-Henry und Miss Ellie.

schließlich seine drittletzte – die anderen Brillen waren bereits beim Baden den Meeresfluten zum Opfer gefallen. Hermès-Henry hatte dann angeekelt nach den Kindern gerufen, die ihm Wasser brachten. Dann war Bobby gekommen und in dem Klo verschwunden. Henry wollte auf ihn warten. Plötzlich schrie er, der sich nie selbst die Hände schmutzig machen würde:

»Henry, du mußt mir helfen, es ist was Furchtbares passiert.«

Henry schaute ins Klo.

»Mir ist meine Brille da reingefallen. Ich ekel mich. Du mußt sie mir rausholen.«

Henry mußte zum zweiten Mal in die Tiefe greifen und nach Wasser rufen. Für ihn war der Tag gelaufen.

Zurückgekommen von unserem Ausflug, mußten wir noch ein paar Schritte durch unseren kleinen Dschungel – so nannten wir das Wäldchen, das vor unserer Villa lag. Bobby liebte diesen Dschungel, weil sich dort die kleinen schwarzen Schweinchen aufhielten.

Plötzlich schrie er: »Sieh mal, Bredi, ein rosa, ein rosa Ferkel.«

Tatsächlich war eines völlig aus der Art geschlagen.

Irgendwie muß Casimiro, der sonst nichts verstand, Bobby verstanden haben, denn er sagte plötzlich: »This is the English one.«

## ... Tengelmann

Das Frühstück wurde in einer Hütte eingenommen, die etwas entfernt von der Villa am Strand lag. Es war nicht einfach, sich zu verständigen, wenn man etwas Bestimmtes wollte. Die Kellner taten, als verstünden sie alles, Englisch, Deutsch, was immer man sprach. In Wirklichkeit verstanden sie nichts. Bobby hatte inzwischen entdeckt, daß »English breakfast« aus mit Zucker bestreuten Pfannkuchen und Bananen bestand, die er fortan zum Frühstück bestellte.

In Indien ist man überall von wilden Hunden umgeben, die total ausgehungert, immer auf der Suche nach etwas Eßbarem und voller Wunden sind. Bobby liebt Hunde und hatte dort unter allen Hunden einen besonders gebrechlichen entdeckt, der kaum laufen konnte und außerdem verletzt war, was meinen Bruder sofort bewogen hatte, sich um das Tier zu kümmern. Im Haus verarzteten wir es, und anschließend verfütterte Bobby seine Bananenpfannkuchen an ihn. Wann immer und wo immer man um eine Ecke bog, fand man dort Bobby beim Füttern dieses Hundes vor – und er bekam das Beste überhaupt. Der Hund verdoppelte seine Größe innerhalb einer Woche und Bobby fand, daß der Hund so viele Bananenpfannkuchen verspeisen könne, wie in einen Supermarkt hineingingen. Von da an hörte der Hund auf den Namen *Tengelmann*.

»Bobby, du brauchst dir nicht solche Mühe mit ihm zu geben, der Hund wird im April sowieso erschossen«, ärgerte ich ihn.

Bobby war außer sich vor Wut. »Das stimmt nicht, du Blödmann!«

»Doch, zu Beginn der Regenzeit, wenn der Monsun kommt, werden sämtliche Hunde erschossen. Das hab' ich im Reiseführer gelesen.«

»Sei bloß ruhig, du, dein Verfallsdatum ist sowieso schon abgelaufen«, wehrte sich Bobby.

Udo und ich hatten irgendwann beschlossen, daß schwarzer Humor, der zu unserem Leben absolut dazugehört, auch vor Bobby nicht haltmachen sollte. Nur so würde er mit uns leben können und auch lernen, sich zu behaupten und gegen Angriffe zu wehren.

Leider war Hermès-Henry inzwischen so am Ende, daß er die anderen mit hinunterzuziehen drohte. Er war nur noch genervt, alles kotzte ihn an.

Als wir in einem Restaurant saßen und darüber beratschlagten, was wir Silvester machen könnten, und die Stimmung so unerträglich wurde, daß wir uns schließlich alle anschwiegen, sagte Bobby plötzlich:

»Es nervt«, und nahm meine Hand.

»Wir sollten uns jetzt mal entspannen«, sagte ich.

Und ohne Absprache sagte Bobby:

»Henry, entspann dich. Henry, entspann dich«, und

plötzlich bildete sich ein Kreis, wir hielten uns alle an den Händen und sagten immer wieder:

»Henry, entspann dich.«

In diesem Moment, so blöd es auch klingt, vollzog sich eine Wende. Die Stimmung schlug plötzlich um, und es wurde einer der schönsten Urlaube unseres Lebens.

## ... und ein bizarres Silvesterfest

Zwei Tage, kurz vor Silvester, sahen wir am Strand eine Figur mit bizarren Kostümen, keinem Designer auf der ganzen Welt zuzuordnen. Beim besten Willen nicht. Die Körperbewegungen bestanden aus einer Mischung aus Ausdruckstanz und Taekwondo. Bobby stand wie gebannt im Sand und starrte die Frau an. Es war Sissi Perlinger, die mit ihrem Freund Klaus Urlaub ganz in unserer Nähe machte. Daß sie auch in Goa waren, wußten wir von Inga, die die beiden näher kannte. Wir kannten Klaus und Sissi nur vom Sehen auf Münchner Partys, und Bobby war von der ersten Sekunde an begeistert von Sissis Selbstdarstellungstrieb. Wir beschlossen schließlich, zusammen Silvester zu feiern. Es sollte Lobster und Champagner geben. Wir schleppten Tische und Stühle an den Strand, die Hotelboys stellten uns einen Kühlschrank mit Champagner gefüllt in den Sand, und dann besorgten wir indisches Brot, Chapati. Kurz vor elf waren die Lobster gegrillt, allerdings hatten sie statt der typischen roten Farbe eine total schwarze Kruste. Kurz vor zwölf ging ich zum Kühlschrank, um den Champagner zu holen. Doch der war warm. Sie hatten vergessen, den

Traumfrau Sissi Perlinger.

Kühlschrank einzustöpseln, also mußten wir uns vorerst mit warmem Champagner begnügen, während ein Joint herumgereicht wurde.

Später erzählte Udo, daß er noch nie ein dämlicheres Bild von Menschen gesehen habe als in dieser Silvesternacht am Strand von Gandolin. Wir müssen für Udo, der nüchtern blieb, ein fast traumatischer Anblick gewesen sein. Einige tanzten mit entrückten Gesichtern, andere saßen im Sand und starrten vor sich hin.

Sissi Perlinger tanzte mit Feuerfackeln, und Bobby stand vollkommen fasziniert da und konnte die Augen nicht von ihr lassen. Sie war sein Traum, blond, vollbusig und temperamentvoll. Er und Sissi verstanden sich glänzend, und er wich nicht von ihrer Seite.

Kurz nach Neujahr beschwatzte Sissi uns, auf einen weltbekannten Basar mitzukommen, um einen Bummel zu machen. Casimiro fuhr uns wieder, wer sonst. Auf dem Basar herrschte ein buntes Treiben, und wir entdeckten Tausende von ungewöhnlichen Dingen. Bobby bestaunte Tiere in kleinen Käfigen aus Holz, die man dort kaufen konnte. Sissi deckte sich mit Stoffen und Klimbim ein.

Plötzlich saß vor uns, mitten auf dem Platz, ein Mann ohne Arme und Beine, was man in Indien häufiger sieht. Aber für uns als Europäer war ein Krüppel, der zum Betteln benutzt wird, natürlich ein schockierender Anblick. Der Mann gehörte zu einem der Stände, und als der Markt zu Ende war, verschnürten die Verwandten den arm- und beinlosen Mann wie ein Möbelstück neben anderem Gepäck hinten auf dem Wagen. Dieses Erlebnis hat Bobby zutiefst erschüttert. Bis zum Ende des Urlaubs haben wir immer wieder über diesen Mann gesprochen. Ich habe versucht, Bobby zu erklären, daß die Familien der untersten Kaste in Indien häufig eines ihrer Kinder nach der Geburt verstümmeln, um es zum Betteln zu schicken, weil die Familie sonst verhungern würde. Aber das konnte Bobby beim besten Willen nicht verstehen. Der Mann ging ihm nicht aus dem Kopf. Später haben wir von einer Freundin erfahren, daß diese Verstümmelungen immer grausamer werden, weil sie Moden unterworfen sind. Kinder ohne Arme und Beine bekommen inzwischen kaum noch Geld, weil man sie zu häufig sieht. Zum Beispiel verkrümmt man Babys die Wirbelsäule. Von diesen Dingen haben wir Bobby allerdings nichts erzählt.

Wieder zu Hause in München holte uns der Alltag

ganz, ganz langsam wieder ein, wir wirkten in den ersten Wochen völlig abgeklärt und erzählten noch lange Zeit sämtlichen Leuten, die es hören wollten oder nicht, von Indien.

# DIE NEBENROLLEN

In seiner Freizeit verbringt Bobby viel Zeit damit, seine Schauspielerkollegen zu »beobachten«, er liebt Vorabendserien, und oft, wenn er von der Werkstatt kommt, ist die Glotze seine erste Ablenkung. Serien wie »Helikopter 117«, »Für alle Fälle Stefanie« oder »Alphateam« sind seine Favoriten – das, wovor andere Angst haben, fasziniert ihn. Als eines Tages das Unglaubliche passierte und Bobby das Angebot von RTL bekam, eine Episodenhauptrolle in »Alphateam« zu spielen, war das für ihn natürlich ungeheuer aufregend. Endlich konnte er sich auf eine Bahre legen und sich in einer herzzerreißenden Szene in die Obhut der bewunderten Ärzte begeben. Er spielte Lars, der mehrmals verprügelt worden war und mit Schürfwunden, Prellungen und einem Schädel-Hirn-Trauma in die Notaufnahme eingeliefert worden war.

In der Serie »Für alle Fälle Stephanie« hatte Bobby den Filmnamen »Nobbi«. Diesmal lag nicht er selbst im Krankenhaus, sondern seine Filmmutter. Der Film dreht sich um einen Familienkrach zwischen Mutter und Groß-

vater, weil die Mutter Nobbi in eine WG abschieben will. Schließlich wird der Großvater vor Kummer und Sorgen auch krank und ebenfalls ins Krankenhaus eingeliefert, wo am Ende, wie immer in diesen Serien, alles gut ausgeht: Großvater und Mutter versöhnen sich, und für Nobbi ist gut gesorgt.

Nur einmal gab es in diesen Arztserien eine Situation, in der Bobby wirklich Angst hatte. Wenn man bedenkt, wie schwer es für ihn ist, zwischen »echt« und »nur gespielt« zu unterscheiden, kann ich sehr gut nachvollziehen, wie es meinem Bruder ergangen sein muß. Und weil ich selber in solchen Fällen alles andere als mutig bin, kann ich ihn doppelt gut verstehen.

Es war in einer Folge der Serie »Dr. Sommer und Dr. Bolten«, in der Bobby einen schwer Nierenkranken spielen mußte, bei dem eine Nierentransplantation vorgenommen werden sollte. Als Bobby auf die Operation vorbereitet wurde, mit angeklebten Schläuchen unter grünen Tüchern und umgeben von Schauspielern, die inzwischen wie Chirurgen in grünem Kittel und mit Mundschutz vor ihm standen, brach ihm der Schweiß aus, und er wurde schneeweiß. Erst durch beruhigenden Zuspruch und mit der Anweisung, die Augen fest geschlossen zu halten, konnte die Szene schließlich gedreht werden. Sie war ein echter Horrortrip für Bobby.

## ... am liebsten in echt

Eine Freundin von uns, die mit ihrer Familie eine Straße weiter wohnt, bekommt in regelmäßigen Abständen ihre – wie Bobby es nennt – »Gesundheitsanfälle«. Ein solcher Anfall jedenfalls muß es gewesen sein, als sie uns alle überredete, eine Bergwanderung zu unternehmen. »Vollkornbrot und Obst«, kommentierte Bobby die Idee. Der Aufstieg dauerte ewig – damals war ich, was Bewegung anging, noch unbelehrbar –, nach zwei Stunden bergauf hatte ich keine Lust mehr. Aber wir liefen und liefen, die Beine wurden immer schwächer, der Magen hing uns schon in den Kniekehlen, und alle dachten nur noch an Essen und Trinken und freuten sich riesig auf eine Brotzeit in einer Almhütte. Doch von allen bewirtschafteten Almen, wo wir Brotzeit machen wollten, war nicht eine geöffnet. Wir waren fix und fertig. Plötzlich wurde es Bobby schwindelig, er wurde immer blasser, und schließlich mußte er sich hinlegen. Er

Are you kidding?

japste nach Luft und konnte keinen Schritt mehr gehen. Ein Handy hatten wir nicht, also auch keine Möglichkeit, Hilfe zu holen. Alle waren besorgt, aber mich traf es wie meistens am heftigsten. Ich war regelrecht in Panik, denn wir hatten einen mehrstündigen Abstieg vor uns, keine Seilbahn in der Nähe, nichts. Vorbeikommende Wanderer versprachen uns, bei der nächsten Bergstation die Bergwacht zu alarmieren und einen Rettungshubschrauber zu rufen. Zu viert knieten wir um Bobby herum, kneteten Arme und Beine, tätschelten seine Wangen und redeten auf ihn ein. Jede Farbe war aus seinem Gesicht gewichen. Ich hatte wahnsinnige Angst um ihn.

»Herr Bredi«, sagte Bobby plötzlich mit matter Stimme, »kommt der Hubschrauber bald?«

»Ja, Bobby, der ist sicher schon unterwegs.«

Die Wanderer kamen zurück, um uns zu sagen, daß sie die Bergwacht alarmiert hatten, was mich etwas beruhigte. Der Hubschrauber landete schließlich auf einem wenige Meter entfernten Plateau, und die Sanitäter kamen mit einer Trage und einem Beatmungsgerät, weil sie vom Schlimmsten ausgingen. Sie machten vor Bobby halt und stellten das Gerät ab.

»Helikopter 117, live dabei«, sagte Bobby.

»Wie bitte?« sagte ich entsetzt.

»Ja, so ist das, Herr Bredi!«

Ich sah Udo an, er grinste und sagte:

»Ja, so ist das wohl, Herr Bredi!«

Die Sanitäter begriffen das Spiel nicht, wie sollten sie auch. Helikopter 117 war Bobbys absolute Lieblingsserie, alles, was mit Krankenhäusern, Ärzten und Hubschraubern zu tun hatte, faszinierte ihn. Wir hätten darauf kommen können. Als Bobby dann noch gehört hatte, daß es wohl eher keine Brotzeit geben würde, sondern statt dessen nur einen anstrengenden Abstieg, war ihm der Rettungshubschrauber als die bessere Variante und letzte Rettung erschienen.

Die Sanitäter jedenfalls schleppten Bobby zum Landeplatz. Nur eine Begleitperson konnte mitfliegen, das war Udo. Ich machte mich mit den anderen zu Fuß auf den Rückweg. Bobbys Zustand verbesserte sich im Hubschrauber sofort. Unten angekommen sagte Bobby zu Udo:

»Das war aber ein Superflug, Mister Herr Bendel!«

»Dann erledigt sich das mit dem Krankenhaus«, sagte einer der Sanitäter, der inzwischen begriffen hatte, daß er es mit einem Schauspieler und Simulanten zu tun hatte, und nahm die Personalien auf. Die Rechnung kam eine Woche später. Das war eine der teuersten Wanderungen, die wir je gemacht haben.

## ... und bitte mit Sahne

Eine Berliner Freundin von uns ist Modedesignerin. Ihr Äußeres ist sehr markant, nicht zuletzt durch ihre üppige Erscheinung und die schrille, leuchtend rote Haarfarbe. Ihre Kleider sind oft pink und rosa. Auf mich wirkt Brigitte immer wie eine Frauenfigur von Boterò. Wenn sie in München zu Besuch ist, muß es immer eine bestimmte Sorte Nußzopf geben, für die sie ein Faible hat. (Sie ißt dann immer mehrere Stücke davon mit Sahne.) Manches Mal steht Bobby dann vor mir, kann es nicht fassen und sagt etwas in der Art von:

»Sie hat einen ganzen Nußzopf gegessen, Herr Bredi, und einen Familienbecher Schlagrahm. Du weißt schon, Bredi, das ist der ganz große Becher.«

Für sein Leben gern würde Bobby einmal soviel essen. Er ist hingerissen von Brigitte. Eines Abends dann – Brigitte gehörte zum »Klub der Avantgarde Berlin« – sollten wir und einige unserer Freunde mit ihr auf eine dieser Modenschauen gehen. Bobby hatte keinen Bock auf Modenschau, sondern wollte lieber zu Hause bleiben und fernsehen. Während Udo und ich uns stylten, richtete Brigitte etwas für Bobby zum Abendessen her. Sie hat immer Mitleid mit Menschen, die dünner sind als sie selbst, und machte Bobby daher eine Platte mit Leberwurststullen und Tomatenbroten zurecht, mit der man

Leberwurststullen!

eine mittelgroße Schulklasse hätte satt kriegen können. Irgendwie haben Udo und ich das nicht mitbekommen, wahrscheinlich weil wir zu sehr mit uns selbst beschäftigt waren. Wir besuchten also unsere Modenschau und kamen nach Mitternacht, leicht angeschickert, mit dem Taxi zurück. Schon von weitem sahen wir, daß das Haus hell erleuchtet war, was um diese Uhrzeit etwas ungewöhnlich war. Wir ahnten nichts Gutes. Als wir in unsere Wohnung kamen, lag Bobby auf dem Bett, umringt von Menschen. Eine Nachbarin hielt Bobbys Hand, die andere holte immer wieder feuchte Tücher, um sie ihm auf die Stirn zu legen, während Bobby völlig apathisch guckte und vor sich hin stöhnte. Ich war wie erstarrt.

»Er muß sofort ins Krankenhaus«, sagte eine Nachbarin.

»Herr Bredi, ich habe eine Entzündung im Bauch, ich muß sofort operiert werden.«

Spätestens hier hatte Udo alles durchschaut, drückte verstohlen meinen Arm, damit ich kapierte, und zwinkerte mir zu, aber ich war in heller Aufregung.

»Ich muß rechts in die Isar, Bredi.« (Damit meinte er natürlich das »Klinikum Rechts der Isar«.) Bobby ließ nicht locker.

Als jemand rief: »Wir brauchen einen Krankenwagen!«, wollte Bobby wissen, ob da auch der richtige käme, der mit dem Blaulicht.

»Das ist doch egal, Bobby«, sagte ich nervös. Eine Freundin von uns, die, weil sie eine Model-Agentur hat, nur »Cheese« genannt wird, mußte just in dem Moment ihren Mann anrufen, um ihm von Bobbys Unwohlsein zu berichten. Ich konnte es nicht fassen. Schließlich schaffte ich es, sie vom Telefon wegzubekommen, und rief den Krankenwagen.

»Haben die auch die Liege dabei«, wollte Bobby wissen.

»Ja, ja, Bobby, die haben alles dabei«, beruhigte ich ihn. Als Bobby abgeholt wurde, stand der ganze Hausflur voller Leute.

»Rechts in der Isar« stellte der Arzt fest, daß die Mischung aus Tomaten- und Leberwurstbroten Bobby den Rest gegeben hatte. Kurz: Er hatte sich überfressen. Keine Operation, sondern ein Einlauf war die Folge, was Bobby aber nicht weniger spannend fand.

Entlassen wurden wir zwei Stunden später mit der Auflage, Bobby Salzstangen und Cola zu besorgen. Was natürlich sofort, es war inzwischen gegen vier Uhr morgens, passieren mußte.

## ... eben die schönste Nebensache im Leben

Bobby liebt Restaurantbesuche über alles, weil er eben für sein Leben gern ißt. Für uns sind sie ein ewiges Abenteuer. Meistens sitze ich von der ersten Minute an, bis wir die Rechnung beglichen haben, auf heißen Kohlen. Weil Bobby kein Verhältnis zum Geld hat, kann es sein, daß er ständig neue Bestellungen aufgibt, sobald ein Kellner in Sichtweite kommt. Oder er besteht um jeden Preis auf Pasta mit Shrimps, ein Gericht, das er am liebsten immer und überall bestellen würde, das aber auch nicht zu den billigsten gehört. Wenn unser Geldbeutel gerade gebietet, etwas sparsamer zu sein, kann es sein, daß ich Bobby vor dem Restaurantbesuch bitte, keine Shrimps zu bestellen. Dann gibt es zwei Varianten, die Bobby abwechselnd spielt: Die eine ist, daß er sich einfach »spontan« im Beisein des Kellners doch dazu entschließt, Pasta mit Shrimps zu bestellen, weil es ihm unter den Umständen noch leckerer zu sein scheint als sonst, oder er sagt beim Aufnehmen der Bestellungen: »Pasta mit Shrimps darf ich nicht. Zu teuer.«

Worauf ich natürlich sage: »Bobby, was redest du denn? Du kannst essen, was dir schmeckt.«

Ein anderes Tabu sind Spaghetti mit Tomatensoße, weil sie so spritzen, wenn man sie nicht perfekt zu essen versteht. In einem unbemerkten Augenblick, ich bin vielleicht gerade in ein Gespräch vertieft oder kurz zur Toilette, bestellt Bobby aber trotzdem Spaghetti, und das Erwartete passiert. Er nimmt zu viele Spaghetti auf die Gabel, dreht sie einen Tick zu schnell herum, die Nudeln hängen herunter, ziehen rote Fäden über Tischdecke und Hemden, rutschen am Ende irgendwo zwischen Teller und Mund endgültig von der Gabel. Das Ganze wiederholt sich, bis der Teller leer ist und Bobbys Hemd sowie das Tischtuch von dicken roten Flecken gezeichnet sind. Es hat dann während des Essens auch keinen Sinn einzugreifen. Das macht erfahrungsgemäß alles nur schlimmer. Natürlich ernten wir dann mitleidige oder entsetzte Blicke anderer Restaurantbesucher ...

Ein weiteres Thema ist Eis zum Nachtisch, weil Bobby von Eis Durchfall bekommt, was er auch weiß. Bevor Nachtisch bestellt wird, sage ich inzwischen automatisch: »Kein Eis, Bobby. Du weißt, warum!«

»Ja, Herr Bredi.«

Kommt der Kellner, weiß Bobby aber nichts Genaues mehr von unserer Vereinbarung, sondern erzählt dem Ober mitleiderregend:

»Ich darf kein Eis.«

»Warum darfst du kein Eis?« fragt der Kellner mitfühlend und guckt erstaunt auf mich.

»Der Herr Bredi hat's mir verboten.«

»Was hat er?« Jetzt schaut der Ober mich direkt an.

»Bobby, du spinnst«, sage ich.

»Doch«, beharrt Bobby.

Das bedeutet, daß der Abend mit Eis endet, die Nacht

Einmal so viel Eiskrem essen!

mit Durchfall. Andernfalls müßte ich dem Ober mitten im Restaurant erklären, warum Bobby kein Eis essen soll. Bobby weiß genau, daß er solche Situationen als Druckmittel einsetzen kann und damit seinen Willen bekommt. Jeder, der Kinder hat, kennt solche oder ähnliche Situationen. Bobby weiß natürlich auch, daß man nicht schmatzt und nicht rülpst, schon gar nicht im Restaurant. Je nach Stimmung kann es vorkommen, daß er an einem Abend Lust hat, erst zu rülpsen und dann erst die Hand vor den Mund zu halten, wobei er dann grinst und sagt: »Oh, erst die Hand ...« Oder wir sind mit wichtigen Leuten zum Essen verabredet, und ich höre plötzlich mitten im Gespräch meinen Bruder neben mir genüßlich schmatzen, drehe mich zu ihm um, aber er reagiert nicht, sondern ist so ins Essen vertieft, daß er seine Umwelt komplett vergessen hat. Ich ziehe es vor, in solchen Fällen nichts zu sagen, obwohl es darauf strenggenommen eigentlich auch nicht mehr ankäme. Die Rolle des hartherzigen Buhmanns zu geben, der dem armen behinderten Jungen nicht mal ein Eis gönnt oder ihn dauernd maßregelt, bin ich gewöhnt. Dann sitzt eben mal Bobby an der längeren Leine – auch okay.

## . . . für den Privatpatienten

In Wirklichkeit schmilzt mein Herz, was Bobby betrifft, sowieso dahin wie Butter in der Sonne. Vor allem, wenn es ihm schlecht geht, so daß ich Bobby natürlich auch nicht nachtragen kann, was er sich alles geleistet hat, als er einmal ins Krankenhaus mußte. Es war wieder ein exzellentes Lehrstück über die wunderbarste Gabe meines Bruders, aus allem das Beste machen zu können – und sei es ein Klinikaufenthalt.

Solange ich denken kann, hatte Bobby Probleme mit den Füßen, und er bekam irgendwann *Hallux Valgus*, ein Überbein, wie man es oft bei Frauen sieht, die in ihrer Jugend zu enge und spitze Schuhe getragen haben. Das sieht nicht nur unschön aus, es tut auch ziemlich weh und hatte bei Bobby außerdem zur Folge, daß bei seinen Schuhen das Leder nach vier Wochen platzte. Als Bobby immer wieder über höllische Schmerzen klagte, ließ sich ein operativer Eingriff nicht mehr vermeiden. Unser behandelnder Arzt hatte in der Klinik drei Belegbetten, und an einem Sonntag vormittag brachten wir Bobby ins Krankenhaus. Der Operationstermin war für den nächsten Morgen vorgesehen. Wir füllten die Formulare aus und begutachteten das Zimmer. Das erste, was wir feststellten, war, daß das Fernsehgerät nicht funktionierte, was eine Katastrophe war, weil Bobby sich zu Tode langweilen würde. Ich rief die Schwester, die uns erklärte, daß das Gerät erst am Montag repariert werden könne, weil der Mechaniker am Wochenende zu teuer sei. Wenn wir die Kosten selbst tragen würden, könnten wir selbstverständlich den Notdienst anrufen, die Nummer stehe auf einer Karte im Nachttisch. Wir sagten Bobby, daß er sich mit Fernsehen bis Montag gedulden müsse und er statt dessen lieber lesen solle, das sei doch auch schön. Wir probierten das Telefon aus, es funktionierte. Wenigstens etwas. Nachdem wir alles ausgepackt und im Schrank verstaut hatten, fuhren Udo und ich nach Hause. Wir verabredeten, abends noch mal zu telefonieren, um zu hören, ob alles in Ordnung sei. Bobby war einverstanden und wir beruhigt.

Irgendwann am Nachmittag rief mich eine Freundin aus Hamburg an, und während wir uns über allerlei unterhielten, warf sie plötzlich ein, daß Bobby ja im Krankenhaus sei, und fragte, wie lange er denn bleiben müsse. Ich dachte mir nichts weiter dabei, bis mich eine halbe Stunde später eine Bekannte aus Amerika anrief und plötzlich sagte: »Der arme Bobby, er langweilt sich bestimmt so allein in der Klinik.«

Ich versuchte, Bobby zu erreichen. Aussichtslos. Es war dauerbesetzt. Sein Adreßbuch! Er hatte sein Adreßbuch herausgeholt, und weil er nicht fernsehen konnte, telefonierte er jetzt in der Weltgeschichte herum. Als ich ihn endlich erreichte, um ihm zu erklären, wie teuer es ist, nach Amerika und in ferne Städte zu telefonieren, noch dazu vom Krankenhaus aus, hörte ich im Hintergrund laute Stimmen.

»Bobby, was sind das für Geräusche, ist das zweite Bett belegt?«

»Wieso?«

»Ist da jemand eingeliefert worden. Du weißt schon, im Nebenbett?«

»Nein.«

»Wo kommen dann die Stimmen her, Bobby?«

»Aus dem F-Fernseher.«

»Der ging doch eben nicht.«

»J-Jetzt geht er. I-Ich hab' den Fernsehdienst a-angerufen.«

»Bobby, wir hatten doch besprochen, daß das zu teuer ist. Wir haben doch keinen Dukatenscheißer.«

Bobby krümmte sich vor Lachen.

»Bobby, mal im Ernst, weißt du, was wir jetzt zahlen müssen?«

»Bleib cool, Bredi.«

»Ich geb' dir gleich cool. Nächste Woche wirst du verkauft, glaub's mir. Diesmal mein' ich's ernst.«

»Ach, Bredi«, seufzte Bobby ins Telefon und gluckste vor Lachen.

Am nächsten Tag gingen wir ins Krankenhaus, um nach ihm zu sehen. Er lag noch unter dem OP-Laken, als wir reinkamen, und sagte: »Herr Bredi, ich bin schon wach.«

Ich war total erleichtert, weil ich mir wegen der Vollnarkose einigermaßen Sorgen gemacht hatte.

»Ich hab' Hunger, Bredi.«

»Ja, ich besorg' was.«

Ich ging zu der Schwester und fragte, ob sie für Bobby etwas zu essen habe. Die Schwester sagte mir, daß Bobby als Privatpatient selbstverständlich alles bekäme, was er wünsche, und daß er mittags nicht zwischen den zwei Gerichten gewählt habe, wie üblich, sondern gleich alle beide bestellt habe, Fisch und Fleisch.

Wir begriffen, daß es irgendwie keinen Sinn machte, Bobby irgendwelche Vorschläge zu unterbreiten, sondern mußten ohnmächtig mit ansehen, wie Bobby seinen Kopf durchsetzte. Wenigstens sein Adreßbuch holten wir in einem sicheren Moment unbemerkt aus der Schublade. Später erfuhren wir, daß Bobby dann wegen jeder einzelnen Nummer die Auskunft angerufen hatte, was die Rechnung noch teurer machte. Wir dachten, ein Glück, daß er nicht aufstehen kann. Am zweiten Tag bekam Bobby einen Zimmerkollegen, der laufen konnte. Der ging in Bobbys Auftrag mehrmals täglich zur nahe gelegenen Bäckerei, um Kuchen und Hefegebäck zu besorgen, und zwar nicht nur für sich und den Zimmerkollegen, sondern für alle Schwestern der Station, die Ärzte und die Putzfrau. Bis dahin hatten wir geglaubt, es läge am Status des Privatpatienten, daß Bobby von allen so freundlich behandelt wurde ...

Am Ende war Bobby mächtig stolz auf seine »neuen, reparierten« Füße und fand, daß es im Krankenhaus richtig super war.

# EIN GEFÜHL

Die Schauspielerin Michaela May, die Bobby sehr mag und auch von ihm geliebt wird, sagte einmal über ihn: »Bobby ist ein absolutes Gefühl für mich, der einen total ablehnt oder total auf einen zugeht.«

Bobby handelt aus dem Bauch heraus, und wenn er Lust hat, jemanden zu umarmen, umarmt er ihn eben. Er braucht sehr viel Körperkontakt und holt ihn sich bei jeder Gelegenheit. Umarmungen und Küßchen auf die Wange sind sehr wichtig, und wenn er sich besonders freut oder über etwas besonders glücklich ist, schnappt er sich die nächstbeste Hand, um sie zu drücken. Die ausgeprägte Emotionalität und Sensibilität ist eine große Stärke und Qualität aller Menschen mit Down-Syndrom, bei Bobby kommt noch sein unbändiges Temperament dazu. Er kann außer sich vor Freude und Begeisterung sein, eine Freude, die nichtbehinderte Menschen schon lange nicht mehr so empfinden und ausdrücken können. Veronika Ferres sagte einmal in einem Interview über Bobby:

»Er war vor jeder Szene aufgeregt, ob er es schafft.

Bobby mit Michaela May am Set. Sie schrieb ihm später: »Mit Dir gedreht zu haben war die schönste Erfahrung in meinem Berufsleben.«

Ging es gut, platzt er vor Glück aus allen Nähten. In solchen Situationen springt er dann in die Luft, fällt dir um den Hals, gibt dir einen Kuß und sagt ›toll‹. Und lacht und lacht und lacht. Durch seine Emotionalität wurden selbst die härtesten Brocken in unserem Produktionsteam weicher. Plötzlich fingen sie an zu reden und lachten auch mal. Selbst einer, von dem ich dachte, daß er gar nicht weiß, wie man das Wort schreibt, geschweige denn er kann's!« Und auf die Frage, was Bobbys Geheimnis sei, antwortete sie:

»Wer traut sich denn heute, aufzustehen und zu sagen, das will ich jetzt nicht oder, ich will jetzt sofort etwas zu essen. Wer traut sich denn, nachdem er Sie fünf Minuten kennt, zu sagen: Sie haben wunderschöne Augen und wunderschöne Haare. Möchte ich anfassen. Das würde

»Mitreißend« ist für Bobbys Temperament noch untertrieben.

Bobby jetzt hier machen. Und dann macht er das. Er denkt nur: Mag ich, mag ich nicht.«

Daß Bobby ein »Gefühl« ist, bedeutet für uns manchmal, daß Himmel und Hölle ganz nah beieinander liegen. Es ist immer möglich, daß mein Bruder etwas Unvorhersehbares sagt oder tut, keine Lust hat, überhaupt etwas zu sagen oder ähnliches. Vor Live-Sendungen habe ich ihn deshalb immer geschützt und auf sämtliche Anfragen mit einer Absage reagiert. Bei allen Erfolgen, die Bobby hat, wird oft vergessen, daß er geistig behindert ist. Viele Journalisten und Redakteure haben uns gesagt, Bobby sei jetzt eine öffentliche Person und müsse natürlich auch Interviews geben. Aber sollen wir ihn der Demütigung aussetzen, wenn er eine Frage völlig unpassend beantwortet, nur, weil er das Abstraktionsvermögen nicht hat, um alles richtig zu verstehen? Als wir dann bei Alfred Biolek eingeladen waren, riet mir eine Freundin, die eine Schwester mit Down-Syndrom hat, doch zuzusagen. »Was soll denn passieren?« fragte sie mich, »dann gibt er eben die falsche Antwort, die Leute wissen doch, daß er das Down-Syndrom hat, und wenn er alles richtig beantworten könnte, wäre er nicht geistig behindert.«

## ... und die PDS

Im Januar 2002 flogen wir also nach Köln zur Aufzeichnung von »Boulevard Bio«. Wie immer waren alle nervös, bloß Bobby nicht. Außer uns waren zu der Sendung Gregor Gysi, die Schauspielerin Jasmin Tabatabai und der Malerfürst Ernst Fuchs eingeladen.

Im Hotel angekommen, wunderten wir uns, denn die Suite, in der man uns untergebracht hatte, war selbst für drei Personen noch wesentlich zu groß.

»Ja, das ist so, wenn man berühmt ist«, war Bobbys Kommentar. »Extra für mich, Herr Bredi.«

Vor der Sendung wußten wir nicht, wer mit dabeisein würde, sondern trafen erst in der Maske mit den anderen Gästen zusammen, die ebenfalls geschminkt und frisiert wurden.

Plötzlich rief Bobby:

»Oh, dich kenn' ich, du bist PDS.«

»Bobby, hör auf«, flüsterte ich in sein Ohr.

»Wieso, der *ist* doch PDS. Das ist aber nicht so gut.«

»Bobby!«

Ich lief rot an. Gysi lachte.

Kurz vor der Sendung wurde dann der Ablauf erklärt. Was Bobby anging, wurde aber gar nichts abgesprochen, was mich sehr beunruhigte. Meine Angst erwies sich, wie so oft, als unbegründet. Die Sendung lief glatt, Bobby überraschte sogar mit einem Englisch-Statement.

Bio fragte Bobby: »Ich hab' gehört, du lernst jetzt auch Englisch, stimmt das?«

»Yes, my dear!« kam es von Bobby wie aus der Pistole geschossen. Am nächsten Tag stand es als Zitat in allen Zeitungen.

Nach der Sendung lud Biolek seine Gäste und Mitarbeiter in den Alten Wartesaal in Köln ein. Die Stimmung war toll, weil die Anspannung von allen abgefallen und jeder erleichtert war, daß man den Auftritt hinter sich hatte. Wir konnten dieses Essen in entspannter Atmosphäre wirklich genießen.

»Ich muß mit dir kochen, Bio«, sagte Bobby zu Alfred Biolek.

»Das finde ich auch. Was ist denn dein Lieblingsgericht?«

»Pizza und Nudeln.«

»Magst du denn auch Trüffel?«

»Ja, und Herr Lennie Bernstein, meine Katze, auch.«

»So, na um so besser«, sagte Bio. »Weißt du, es sind nicht wirklich Trüffel, es sind Spaghettini und Egerlinge auf dem Gurkenhobel geraspelt.«

»Gut. Dann kochen wir halt Nudeln.«

»Was magst du noch?«

»Ich liebe Shrimps.«

»Wenn ich nun mitkochen sollte«, mischte ich mich vorsichtig in die Unterhaltung ein, »würde ich einen asiatischen Salat mit Shrimps vorschlagen, der zum Teil im Wok gemacht wird.«

»Na, wunderbar«, sagte Biolek, »dann machen wir das doch.«

## ... Vorsicht, versteckte Kamera

Genau diese Einladung zum Kochen mit Bio für »Alfredissimo« stand uns jetzt bevor, und zwei Tage später sollten wir ins ZDF Frühstücksfernsehen in die Sendung »Volle Kanne, Susanne«. Wieder holte uns am Flughafen in Köln ein Fahrer ab, dann ging's zuerst ins Hotel zum Umziehen und schließlich zu »Alfredissimo«. Viele glauben ja, daß Alfred Biolek in seiner privaten Küche kocht. Das stimmt natürlich so nicht und wäre auch zu umständlich. Aber seine Küche wurde originalgetreu nachgebaut und in einem großen Studio aufgestellt. Überall stehen Kameras, oben, unten, vorne, an der Seite, unglaublich. Und natürlich gibt es auch einen Regisseur. Sascha Arnz ist der weit über Deutschlands Grenzen hinaus bekannteste Show-Regisseur und seit 30 Jahren im Geschäft. Als Bobby mitkriegte, daß Arnz auch bei »Wetten, daß« Regie führt, haute er ihn gleich um Karten für die Sendung in München an, denn er wollte unbedingt zu seinem »Freund« Thomas Gottschalk in die Sendung.

Wir fingen ganz entspannt an zu kochen, Bobby und ich dachten, es wäre eine Probe. Keiner von uns hatte begriffen, daß wir schon auf Sendung waren. Bobby kannte das Gericht und seine Aufgabe. In der rechten Ecke der Küche hatten wir die Schüssel mit den Shrimps, die wir erst zum Schluß brauchten, abgestellt. (Alle Zutaten waren perfekt vorbereitet, wie sie es im richtigen Leben unglücklicherweise nie sind.) Biolek und ich schnitten Gemüse und kochten, während Bobby, ohne daß wir es bemerkt hätten, immer wieder zu Biolek und mir hinübersah und sich vergewisserte, daß wir auch wirklich nicht zu ihm rüberschauten. Heimlich schob er sich ein paar Shrimps in den Mund. Udo, der zwischen den Kameras saß und uns wie ein Zuschauer beobachtete, amüsierte sich köstlich. Ich habe von alldem nichts mitbekommen, weil ich Bobby im Rücken hatte.

Meinem Bruder kam nicht in den Sinn, daß er »beobachtet« wurde, er hatte die Kamera offensichtlich völlig vergessen. Immer wieder stopfte er sich Shrimps in den Mund, während ihn die Kamera erbarmungslos filmte, aber das war nicht die einzige Panne. Ich selbst war auch nicht besser. Mitten im Kochen sagte ich plötzlich zu Alfred Biolek, daß in meinem Freundeskreis immer wieder die Frage diskutiert würde, ob man die Nudeln nun in kaltes oder in warmes Wasser geben solle. Bio schaute mich etwas verwirrt an. Ich hatte eigentlich sagen wollen, ob man Öl ins Nudelwasser tut oder nicht. Unpassendes sagte oder tat bei Live-Auftritten also nicht nur Bobby... Und herausgeschnitten wird bei »Alfredissimo« leider nichts.

Am nächsten Tag sollten wir in Düsseldorf zu »Volle Kanne, Susanne«. Vor der Sendung wollte ich Bobby dazu überreden, im Hotel zu frühstücken.

»Wieso?«

»Bobby, du kannst nicht eine ganze Stunde vor laufender Kamera frühstücken und dabei Fragen beantworten.«

»Aber ich bin zum Frühstück eingeladen, Herr Bredi«, Bobby stampfte dazu mit dem Fuß auf den Boden.

»Mit vollem Mund sprechen ist unappetitlich, das weißt du genau.«

»Aber sie haben extra Lachs für mich und Würstchen«, Bobby lief vor Enttäuschung und Wut rot an im Gesicht.

»Vielleicht kannst du hinterher, wenn die Sendung vorbei ist, noch etwas Lachs und ein Würstchen essen. Ich will doch nur, daß du nicht mit nüchternem Magen hingehst und nicht während der Sendung ißt.«

»Aber die Sendung heißt Frühstückssendung!«

Während der Sendung aß Bobby dann wirklich nicht, obwohl Stephanie Schmidt, die Moderatorin, ihn permanent zum Essen ermunterte, ihn nach seinen Lieblingswürstchen befragte und Bobby das Wasser im Mund zusammengelaufen sein muß. Statt dessen verlegte sich Bobby aufs Reden, was mein viel größerer Alptraum ist, denn je schneller und je mehr Bobby erzählen will, um so mehr stottert er. Als sein Redefluß zum Thema Fußball gar nicht abebbte und er vor Stottern kaum eine Silbe herausbrachte, versuchte ich ihn durch einen sanften Tritt gegen das Schienbein zu bremsen.

Nach der Sendung riefen sämtliche Freunde und Bekannte an und beschwerten sich: Mein Fußtritt war deutlich zu sehen gewesen. Es war mir ungeheuer peinlich. Aber ich kenne Bobbys Unberechenbarkeit, und weil ich immer das Gefühl habe, ihn schützen zu müssen, ihn in seiner Arglosigkeit nicht einem Publikum aussetzen zu dürfen, das ihn möglicherweise falsch einschätzt, reagiere ich manchmal wie eine Glucke. Was das angeht, bin ich dann wahrscheinlich voll im Fahrwasser meiner Mutter, habe ihre Rolle übernommen, was ich nie wollte. Mein Ziel war immer, Bobby loszulassen, ihn zur Selbständigkeit zu animieren, ihn zu motivieren, Dinge zu tun, die er in der Obhut meiner Mutter nie zu tun gewagt hätte, oder besser gesagt, die beide – meine Mutter und er selbst – ihm oder sich nie zugetraut hätten.

Einerseits haben wir in den dreizehn Jahren, die Bobby nun bei Udo und mir lebt, eine große Verantwortung übernommen. Andererseits müssen wir uns immer wieder klarmachen, daß mein Bruder ein erwachsener Mann ist, der ein Recht hat, seine Erfahrungen zu machen. Es hat unendlich viele positive Überraschungen gegeben bei dem Versuch, herauszufinden, wieviel wir Bobby zutrauen und wieviel Verantwortung wir ihm selbst überlassen können. Meistens wußte Bobby schon, was zu tun war.

Zum Beispiel rief er mich eines Tages im Laden an:

»Herr Bredi, es regnet durchs Dach.«

»Spinnst du, Bobby?«

»I-Ich spinne nicht. Es regnet durchs Dach.«

»Bobby, wir wohnen im ersten Stock, das Dach ist im fünften. Es kann nicht durchs Dach in unsere Wohnung regnen, verstehst du?«

»A-Alles ist naß. Hier steht alles unter Wasser, Bredi.«

»Ich komme, Bobby.«

Ich rannte aus dem Laden, die Treppe hoch, und in der Küche stand Bobby mit den Pantoffeln in einer riesigen Wasserpfütze. An der Decke befand sich ein riesiger Wasserfleck, von dem es pausenlos heruntertropfte. Ich klingelte an der Wohnungstür über uns. Die sechsjährigen Zwillinge, die dort wohnten, hatten den Waschmaschinenschlauch herausgezogen ... Tagelang mußte alles trockengelegt und anschließend renoviert werden. Der Schaden war hoch, und während ich Bobby für vollkommen verrückt erklärt hatte, konnten wir froh sein, daß er so schnell reagiert und überhaupt erkannt hatte, daß er etwas unternehmen mußte.

## ... und eine Sportskanone

Wir waren recht skeptisch, was Bobbys sportliche Fähigkeiten betrifft, auch als das Angebot für eine Rolle in der Jugendserie »Powder Park« ins Haus kam. Zunächst wußten wir gar nicht, worum es überhaupt ging, denn für Serien im Nachmittagsprogramm sind wir eher nicht die Zielgruppe. Als wir dann hörten, »Powder Park« spiele in den verschneiten Zillertaler Alpen, standen wir dem sehr kritisch gegenüber – nicht, daß Bobby Schnee nicht mochte, aber er auf der Piste mit lauter Snowboard-Fahrern? Wir malten uns aus, was alles passieren könnte, und daß Bobby lernen sollte, auf einem Snowboard zu stehen, geschweige denn zu fahren, war völlig ausgeschlossen und viel zu gefährlich. Mit einem Snowbob würde es vielleicht gehen. Aber Bobby war von der Serie so begeistert, daß wir schließlich zusagten.

Sebastian Ströbel und Tanja Fornaro, seine zukünftigen Schauspielerkollegen, kamen Bobby dann eines Tages in unserer Wohnung besuchen. Sie kannten Bobby vorher nicht und hatten ihn auch nicht im Film gesehen, waren also ohne Vorbehalte und um so beeindruckter von Bobbys herzlichem Empfang. »Es ist toll, wie selbstverständlich Bobby alles aufnimmt«, sagte Tanja einem Journalisten von »Sieben Tage«. Es wurde ein ungezwungener und lustiger Tag. Nachdem die drei sich beim Kochen und Computerspielen näher kennengelernt hatten, stand für Sebastian fest, daß er Bobby beim Drehen genauso behandeln würde wie jeden anderen nichtbehinderten Kollegen. Auch ich hatte keine Zweifel mehr, daß es Bobby bei den Dreharbeiten viel Spaß machen würde, wenn er mit Sebastian und Tanja die Zillertaler Pisten hinuntersausen würde. In der Serie dreht sich sowieso alles um Spaß, Sport und Musik. Tatsächlich war es dann so, daß Bobby das Snowboarden immer wieder geübt und sogar gelernt hat. Er ist eben doch jünger als ich!

# DER ERNST DES LEBENS

Eine Schlaganfall-Schwuchtel nennt Bobby mich jetzt manchmal. Er darf das, schließlich war er es, der mir das Leben gerettet hat. Es ist noch nicht so lange her. Die letzten Tage des Jahres 2000 verbrachten Bobby, Udo und ich mit dem Umzug unseres Geschäfts. Nach zwei Jahrzehnten mußten wir die alten Räumlichkeiten wegen Sanierungsarbeiten aufgeben, fanden aber ganz in der Nähe einen mindestens genauso schönen und praktisch gelegenen Laden. Nachdem ich aus der Modebranche ausgestiegen war, beschäftigte ich mich mit Wohnaccessoires und dekorativen Dingen für Haus und Garten. Udo packte gerade in dem neuen Geschäft Karton für Karton aus und dekorierte, wir waren vom Weihnachtsgeschäft und der Umzieherei ausgelaugt und freuten uns auf den Jahreswechsel und einige freie Tage. Den ganzen Nachmittag schon fühlte ich mich nicht sonderlich wohl – die vergangenen Jahre haben offensichtlich auch an mir gezehrt –, ich merkte, daß mein Körper anders reagierte als sonst, vor allem an der rechten Seite spürte ich Lähmungserscheinungen und ging deshalb –

Rauher Umgangston, Herz auf der Zunge.

mehr recht als schlecht – an Bobbys Hand rüber in unsere Wohnung. Dort angekommen, brach ich zusammen. Bobby lief wieselschnell zu Udo ins neue Geschäft und sagte völlig abgeklärt: »Der Bredi hat einen Schlaganfall. Du mußt sofort kommen. Wir brauchen einen Notarztwagen.« Udo, der an Bobbys Gesicht den Ernst der Lage erkannt hat, handelte sofort.

Für Bobbys Reaktion – in solchen Momenten zählen Minuten – gab es ein Schlüsselerlebnis. Eines Abends hatten wir zusammen in der Küche beim Abendessen gesessen, und Udo hatte plötzlich alles in einer unglaublichen Geschwindigkeit hinuntergeschlungen, weil er einen bestimmten Film ansehen wollte. Er war vom Tisch aufgesprungen, verschwand vor den Fernseher, und Bobby und ich blieben am Küchentisch zurück. Bobby ißt mit einer derartigen Genüßlichkeit und Langsamkeit, daß man, wenn man zum Beispiel ebenfalls den Film sehen möchte, kaum ertragen kann, ihm zuzusehen. Jeden Bissen schaut er sich noch einmal an, bevor er ihn ganz langsam in den Mund schiebt, und nichts kann Bobby dabei stören. Dazu trinkt er langsam und Schluck für Schluck sein Glas aus. Im Prinzip so, wie es jeder Arzt empfiehlt. An jenem Abend hatte ich es nicht mehr ausgehalten, meinem Bruder zuzusehen, sagte plötzlich: »Mir wird ganz schlecht«, rutschte vom Stuhl, warf mich auf den Küchenboden, verdrehte die Augen und blieb liegen. Bobby schaute vom Tisch auf den Boden und mich kurz an, aß dann aber seelenruhig weiter, Bissen für Bissen, trank Schluck für Schluck, räumte, als hätte er alle Zeit der Welt, sein Geschirr weg, stellte es in die Spülmaschine, nahm dann einen Lappen, um den Tisch abzuwischen. Schließlich stieg er mit einem Bein über mich und rief: »Herr Bredi, lebst du noch?« Er beugte sich über mich, um zu hören, ob ich noch atmete, ging dann ins große Zimmer und sagte:

»Udo, ich glaube, der Bredi ist tot, der atmet nicht mehr, du kannst jetzt den Krankenwagen holen.« Udo wurde leichenblaß, kam in die Küche gerannt. Als ich mich aufrichtete und grinste, war Udo verständlicherweise unglaublich wütend. Wir führten dann ein wirklich ernstes Gespräch mit Bobby, wir erklärten ihm, wie er sich verhalten muß, wenn einem von uns beiden etwas passieren sollte, und daß man, wenn so etwas geschieht, niemals weiteressen darf, sondern sofort aufstehen und Hilfe holen muß. In einer solchen Situation käme es auf jede Sekunde an, in der Zwischenzeit hätte ich längst tot sein können. Dieses Spiel hat mir, wenn man so will, als es wirklich ernst wurde, das Leben gerettet.

Im Notarztwagen bezogen die drei jungen Sanitäter, die sehr schnell Bobbys »Diagnose« bestätigten, meinen Bruder ins Geschehen mit ein, worüber er überglücklich war. Sie betrauten ihn mit der Aufgabe, eine Infusionsflasche zu halten – und weil Bobby das offenbar als lebensrettend in Erinnerung hatte, wollte er mir zu meinem 50. Geburtstag genau eine solche Flasche schenken.

In meinem Kopf ging damals alles durcheinander. Ich realisierte, daß es mit der Sprache nicht mehr ging und daß meine rechte Seite gelähmt war. Ich dachte, in diesem desolaten Zustand möchte ich nicht bleiben, man wird so hilflos und ist plötzlich auf die Hilfe anderer angewiesen. Diese Gesellschaft braucht nur Menschen, die funktionstüchtig sind. Und ich grübelte viel über Bobby nach, wie es für ihn sein mußte, ob er es als schlimm empfindet, auf die Hilfe anderer angewiesen zu sein.

Für Udo war das eine furchtbare Zeit, er hatte Angst, mich zu verlieren und mit Bobby allein zu bleiben. Auch Bobby war völlig durcheinander. Für beide bin immer ich der Fitte und Aktive gewesen, sie waren sogar manches Mal von meiner Art, immer Gas zu geben, genervt. Und Udo war schließlich sieben Jahre älter und eben der »Greisenpeter«, wie Bobby ihn nannte. Plötzlich war alles ganz anders.

Zwei Wochen nach dem Schlaganfall hatte ich die erste Kernspin-Untersuchung. Während ich auf dem Flur im Krankenhaus wartete, beobachtete ich nervös die Krankenschwestern und Pfleger bei ihrer Arbeit, ich versuchte, in ihren Gesichtern zu lesen, ob ich etwas Positives oder etwas Negatives zu erwarten hatte. Bei den Leuten, die an mir vorbeigeschoben wurden, versuchte ich das Alter abzuschätzen und war froh, überlebt zu haben.

Zu dem Professor, der mich behandelte, faßte ich Vertrauen. Mit ihm konnte ich darüber sprechen, wie es in meiner Familie weitergehen sollte. Es gab auch etliche junge Ärztinnen, die durch die Medien über Bobby und die »Männer-WG« informiert waren und die sehr offen mit mir über meine Sorge diskutierten, wie Bobby, Udo und ich es in Zukunft schaffen sollten. Ich begriff schließlich nach vielen ausführlichen Gesprächen, daß nur meine Gesundheit Bobby nutzte und ich mich nun deshalb also in allererster Linie einmal um mich kümmern mußte.

## ... und ein Brustwarzen-Herzinfarkt

Mit etwas Abstand betrachtet, haben wir durch diesen Schicksalsschlag einige interessante Erfahrungen gemacht. Im Freundeskreis zum Beispiel konnten wir die Spreu vom Weizen trennen, wie man so sagt. Unser engstes Umfeld hat sich neu formiert, manche Freundschaften haben sich in ihrer Wertigkeit verändert. Leute, von denen wir es nie gedacht hätten, haben versagt, andere haben uns völlig unerwartet geholfen, so wie Annemarie, unsere Nachbarin, mit der Bobby immer Englisch übt. Sie sagte mir am Krankenhausbett, daß Bobby die Freude ihres Alters sei, und während ich im Krankenhaus war und auch später in der Reha, verwöhnte sie Bobby und Udo mit ihren Kochkünsten. Sie war und ist uns drei bis heute eine große Hilfe.

Bobby und ich sind uns seit dem Schlaganfall noch näher. Nicht nur, daß er mir durch seine Geistesgegenwart das Leben gerettet hat, ich glaube, auch daß ich eine Zeitlang auf Hilfe angewiesen war, hat uns noch mehr miteinander verbunden. Es hat Bobby großen Spaß gemacht, daß ich, genau wie er, eine Logopädin hatte und eine Sprachtherapie machen mußte. Er war nicht mehr der einzige, der stotterte, und auch nicht mehr der einzige, der sich gesund ernähren und keinen Alkohol trinken sollte. Obendrein fand Bobby es wunderbar, daß ich jetzt auch einen Behindertenausweis bekommen sollte. »Immerhin 50 Prozent«, sagte Bobby, »das ist viel mehr als 100 Prozent.« Erstaunt fragte ich nach: »Wieso ist 50 mehr als 100?« – »Ja«, sagte Bobby und tat ganz selbstverständlich, »deine fängt mit fünf an, meine Behinderung mit eins, und fünf ist doch mehr als eins. Das stimmt doch, Herr Bredi, oder?«

Für Bobby war der Schlaganfall eigentlich schnell vergessen, und irgendwann überraschte er uns nachträglich mit einer neuen Diagnose. (Wahrscheinlich haben wir die seiner Liebe zu den Krankenhausserien zu verdanken, bei denen er immer ziemlich genau aufpaßt und dann seine Theorie entwickelt.) Eines Tages jedenfalls, Udo und ich redeten gerade über Schlaganfälle und Herzinfarkte, erklärte Bobby uns, daß es einen Brustwarzen-Herzinfarkt gebe, und er zeigte dabei auf seine Brustwarzen.

»Das ist doch nicht das Herz, Bobby.«

»Doch. Es gibt zwei Herzen.«

»Spinnst du?«

»Doch, Mongos haben zwei Herzen, eins links und eins rechts. Das ist so!«

»Und ich mach' gleich ein Schild an die Ladentür. Heute Mongos mit zwei Herzen frisch eingetroffen, günstig abzugeben, drei Männchen, zwei Weibchen.«

»Du spinnst, Herr Bredi!«

# BOBBYS FILM

Es muß ungefähr im *Sommer 1999* gewesen sein, als wir die Idee hatten, einen Film über unser Leben zu machen. Ich weiß noch, wie wir mit unserer Freundin Carolin stundenlang zusammensaßen und das Konzept für ein Drehbuch entwarfen. Wir beantragten und bekamen finanzielle Unterstützung durch die Bayerische Filmförderung, sprachen mit Gabriela Sperl, die das Drehbuch für »Liebe und weitere Katastrophen« geschrieben hatte, und dann nahm das Schicksal seinen Lauf. Veronica Ferres, die ja Bobbys absolute Traumfrau ist und die er lieber heute als morgen heiraten würde, sagte zu, eine Rolle in dem Film zu übernehmen. Sie kannte Bobby gut und wußte, daß damit für ihn ein großer Traum in Erfüllung gehen würde. Am liebsten wollte Bobby in einer Szene mit ihr tanzen, was der Film zwar nicht bietet, aber er darf sie des öfteren umarmen und auf die Wange küssen. Nico Hofmann produzierte den Film, und Vivian Naefe führte Regie.

Das Drehbuch beziehungsweise der Film, der dann tatsächlich entstand, hatte am Ende doch nicht soviel

Aus dem Film »Bobby« – Markus Knüfken, Steffen Groth, Veronica Ferres und Bobby am Set.

mit unserem Leben gemeinsam. Der Stoff wurde sozusagen für ein breites Publikum zur Hauptsendezeit zurechtgerückt, so daß man eigentlich nur sagen kann, der Film trägt autobiographische Züge. Das Drehbuch behandelt auch nur einen kurzen Ausschnitt aus unserem Leben, nämlich die Zeit nach dem Tod unserer Eltern, also den Sorgerechtsstreit um Bobby, und sogar da sind nur die Eckpfeiler unserer wahren Geschichte stehengeblieben, aber mehr auch nicht. Gabriela Sperl, die das Drehbuch zum Film geschrieben hat, sagte einem Journalisten: »Die wahre Geschichte ist so kraß verlaufen, daß wir sie glätten mußten, sonst hätte sie wahrscheinlich maßlos übertrieben gewirkt.«

Der Film heißt schlicht »Bobby« und erzählt die Geschichte des Bobby Kustermann, der das Down-Syndrom hat und nach dem Tod der Mutter ein neues Zuhause innerhalb der Familie sucht. Am liebsten würde er bei seinem Bruder Jojo, gespielt von Markus Knüfken wohnen, der Bobby auch sofort zu sich holen möchte und sich ein gemeinsames Leben mit seinem Bruder durchaus vorstellen kann. Aber da gibt es ein Problem, Jojo ist schwul und lebt seit Jahren mit seinem Lebensgefährten Marc (Steffen Groth) zusammen. Auch Marc ist sofort begeistert von der Idee, Bobby aufzunehmen. Es gibt aber noch Bobbys und Jojos Schwester – gespielt von Margret Völker – mit Mann und Tochter, die sich viel besser dazu zu eignen scheint, Bobby zu betreuen, als ein homosexuelles Paar mit unstetem Lebenswandel. So sucht Jojo auch »außereheliche« Männerbekanntschaften und treibt sich in entsprechenden Szenekneipen herum. Der Kampf um das Sorgerecht für Bobby bringt nicht nur viel Aufregung und Streß in die Beziehung der beiden Männer, sondern reißt auch alte Wunden wieder auf. Außerdem geht es um viel Geld, das die Mutter hinterlassen hat und auf das vor allen Dingen Bobbys Schwager scharf ist. Rosi, gespielt von Veronica Ferres, Jojos Jugendliebe aus den Zeiten vor dem Coming-out, unterstützt ihn und Marc beim Kampf um Bobby, weil sie alle drei, aber besonders Bobby ins Herz geschlossen hat. »Lieber ins Heim als zu einem Schwulen«, wettern die Behörden. Bobby selber wurde nicht gefragt.

Soweit der Film, in dem sich niemand von uns richtig wiedererkannt hat. Nicht einmal Bobby spielt wirklich

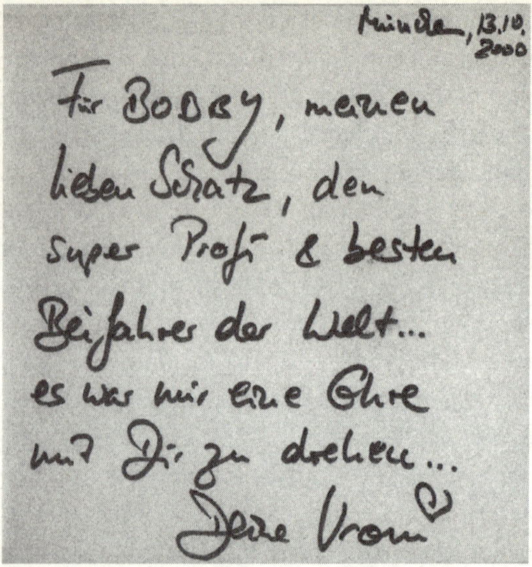

München, 13.10.2000

Für Bobby, meinen lieben Schatz, den super Profi & besten Beifahrer der Welt... es war mir eine Ehre mit Dir zu drehen...

Deine Vroni

sich selbst, denn in einer Szene schlägt er, als er seinen Willen nicht bekommt, immer wieder mit dem Kopf gegen die Wand, was Bobby im wirklichen Leben nie tun würde und was, nebenbei bemerkt, auch kein typisches Down-Syndrom-Verhalten ist. Oder er stößt schrille hysterische Schreie aus, wenn er sich in die Enge getrieben fühlt, auch das ist etwas, was Bobby spielt, aber nicht lebt. Wenn Zuschauer also aus dem Film den Schluß ziehen würden, daß Menschen mit Down-Syndrom sich so benehmen, lägen sie falsch. Die Leute mit Down-Syndrom, die ich bisher kennengelernt habe, waren weit von solcher Hysterie und Aggression entfernt.

Eine Weile gab es Diskussionen, ob Bobby wirklich »Bobby« würde spielen können, ob er den Dreharbeiten

wirklich gewachsen wäre. Oder ob vielleicht doch, wie bisher von München bis Hollywood üblich, ein Nichtbehinderter sich als Schauspieler die Behinderung zu eigen machen sollte? Es ging diesmal schließlich nicht um eine der Hauptrollen, es war *die* Hauptrolle. Wir drei konnten uns niemand anderen in Bobbys Rolle denken als Bobby selbst, und bald stellte sich heraus, daß eine Menge anderer Dinge Probleme bereitete, aber nicht die Tatsache, daß Bobby behindert ist. (In der Nähe des Drehortes liegt beispielsweise ein Militärflughafen, so daß die Dreharbeiten ständig unterbrochen werden mußten und eine Szene sogar komplett neu gedreht werden mußte, weil die Fluggeräusche so unerträglich laut waren.)

Jedenfalls haben die Dreharbeiten mit Bobby wohl allen Beteiligten sehr viel Spaß gemacht, was man auch in der Presse verfolgen konnte.

»So begeistert Bobby Brederlow von Veronica Ferres schwärmt, ›Sie ist so schön blond‹, so sehr schwärmt sie von ihm. – ›Ich habe unendlich viel von ihm gelernt, das ganze Team hat wieder Zugang zu seinen Gefühlen bekommen.‹ Bei Bobbys direkter Art kein Wunder – er zeigt einfach, was er empfindet.« Und weiter heißt es in den Salzburger Nachrichten: »›Wie soll das restliche Team da schlechte Laune haben‹, grinst Markus Knüfken, der auch gar nicht sauer ist, wenn Bobby mal ein bißchen länger braucht: ›Bin ich wenigstens nicht der einzige.‹«

Was mir an dem Film auch besonders wichtig war, ist, daß er das Thema Homosexualität in unserer Gesellschaft aufgreift und vielleicht hilft, Vorurteile abzubauen. Wie stark sie immer noch sind, kann man daran sehen, daß es einige Schauspieler abgelehnt hatten, einen Homosexuellen zu spielen. Oder daran: Vivian Naefe hat während der Dreharbeiten erfahren, daß sich ein Klassenkamerad ihrer Tochter umgebracht hat, als seine Eltern herausgefunden haben, daß er schwul ist.

Mit den Dreharbeiten zu »Bobby« hat auch eine wunderbare Freundschaft begonnen: Bobby hatte zum ersten Mal einen festen Coach, Silvia Raith, die ihm seitdem bei allen Engagements als feste Stütze zur Seite steht. Silvia ist ausgebildete Schauspielerin und coacht Schauspieler, insbesondere Kinder. Mit Behinderten hatte sie zuvor noch nie zu tun, und sie kannte Bobby auch nicht aus dem Fernsehen. Nachdem sie sich »Liebe und weitere Katastrophen« angesehen hatte, nahm sie den Job an. Und zwischen den beiden war es, wie Silvia und Bobby sagen, »Liebe auf den ersten Blick«, sie waren sofort auf einer Wellenlänge. Bobby braucht wirklich jemand, der ihm hilft, den Text zu lernen und richtig zu betonen. Er liest für sich ohne Punkt und Komma und weiß oft nicht genau, was er eigentlich liest. Auch sein Lieblingsbuch *Harry Potter* versteht er nicht wirklich. »Der Spiegel«, sein Lieblingsmagazin, eignet sich nur deshalb ganz gut als Lektüre, weil Bobby sich dann vorstellt, er sei ein Politiker. In entsprechender Pose mit erhobenem Zeigefinger trägt er Textpassagen einem fiktiven Wählerpublikum vor. Wirklich begreifen kann er den Inhalt des »Spiegels« natürlich nicht.

Drei- bis vierhundertmal probte Silvia mit Bobby jede Geste, jede Handbewegung und jeden Satz, bevor die Dreharbeiten überhaupt begannen. Viel Geduld und Ausdauer waren dafür nötig, denn Bobby kann auch sehr stur und bockig sein. Zum Beispiel, wenn man ihn nicht genügend lobt. Er braucht nach jeder Einstellung ein »Super! Das war Spitze!«, auch wenn die Einstellung wiederholt werden muß. Ohne diese Motivation würde

Bobby nicht weitermachen können, aber danach klappt es meistens auf Anhieb. Für die anderen Schauspieler am Set war das eine große Umstellung, und sie bewundern Bobby dafür, daß er nie mehr als zwei bis drei Klappen braucht, im Gegensatz zu vielen anderen.

Wenn es für Bobby zu stressig wird, lockert Silvia ihn auf, massiert ihn, kitzelt ihn durch, hört mit ihm Musik und bringt ihn so auf andere Gedanken.

Eine Szene in »Bobby« war auf einem Wassersilo zu drehen, und Bobby sollte mit einem Kran mehrere Meter aufs Dach des Silos hochgehievt werden. Allerdings war der Kran defekt. Es wurde hin und her überlegt, wie man die Einstellung drehen könnte; denn auf keinen Fall konnte man Bobby der Gefahr aussetzen, die rostige Leiter im Inneren des Silos selbst hinaufzusteigen. Aber genau das war es, was Bobby wollte und wovon ihn niemand mehr abbringen konnte, obwohl Silvia ihm seine Angst ansehen konnte. Bobby sah sich nicht in der Rolle des Helden, er wollte einfach, daß die Szene gedreht werden konnte und kein Drehtag verlorenging. Er wußte, daß ein verlorener Tag beim Film viel Geld kostet. Von einem Stuntman gesichert, stieg Bobby schließlich Stufe für Stufe die altersschwache Leiter hinauf, Silvia ungesichert direkt vor ihm. Das war ein ganz dramatischer Augenblick, alle hielten den Atem an. Trotz der Sicherung hätte Bobby sich sehr schwer verletzen können, wenn er ausgerutscht wäre, das war jedem bewußt, auch ihm selbst. Als Bobby und Silvia oben ankamen, gab es riesigen Beifall, weil Bobby so mutig gewesen war, und er war zu Recht stolz auf seine Leistung.

Silvia und Bobby hatten im Hotel nebeneinanderliegende Zimmer, und jeden Abend vor dem Schlafengehen rief Bobby Silvia noch einmal an, um gute Nacht zu sagen. Für Silvia war das überraschend, für Udo und mich ist es Alltag. Am Set reagiert Bobby auf jede Stimmung sehr empfindlich. Ist die Atmosphäre sowieso schon gereizt und jemand verhält sich dann Bobby gegenüber noch hektisch und sagt »Mach das mal schnell«, ist er überlastet. Gerade in solchen Situationen ist er auf jemanden wie Silvia angewiesen. Es muß jemand dasein, der ihn dann auffängt und es schafft, ihn auf andere Gedanken zu bringen. Fehlt eine solche Person, kann es passieren, daß Bobby sogar zusammenbricht. Wenn er Angst hat und sich nicht anders zu helfen weiß, sackt er zusammen, wird blaß und hyperventiliert. Meist hilft ein Bonbon, ein Stück Traubenzucker – »Energie

An seinem Pult bei der Lektüre des »Spiegels« hält Bobby bedeutende politische Reden.

Bobby« –, und wenn Silvia ihm gut zuredet: »Du schaffst das, Bobby.«

Silvia hat Bobby am Set jede Art von Blödeln verboten, weil sie sonst arge Schwierigkeiten hat, Bobby zum Beispiel für eine ernste Szene vorzubereiten. Einmal brachte Markus Knüfken Bobby aber dennoch zu irgendwelchen Albernheiten, wofür Bobby sich von Silvia einen strafenden Blick einfing. Von einer Sekunde zur nächsten machte Bobby zum Beweis seiner Fähigkeiten eine ernste Miene, während Knüfken so schnell nicht aufhören konnte zu lachen und einige Zeit brauchte, bis er sich wieder gefaßt hatte. Weil Silvia so streng gucken kann, gab Bobby ihr den Namen »Edgar Wallace« beziehungsweise »Edgar der Würger«, und Edgar nennt Bobby im Gegenzug »Engel-Bengel« oder »Flaffi«. Flaffi findet

Bobby besonders komisch und kugelt sich vor Lachen, wenn Edgar ihn so nennt.

Eines Abends, als Silvia mit ihrem Freund und Bobby bei McDonalds war und Bobby ihren Freund fragte, ob er Silvia denn heiraten wolle, antwortete der, daß sie das noch nicht überlegt hätten.

»Wenn er dich nicht heiratet, dann kann ich dich ja heiraten!« schlug Bobby daraufhin vor. Aber da wollte Silvias Freund dann doch noch ein Wörtchen mitreden. Manchmal kommt der Gentleman und Mann in Bobby zum Vorschein. Wohl wissend, daß er 42 und Silvia 30 ist, sagt er dann »Na, du Kleine«, reicht ihr seinen Arm zum Unterhaken und erklärt generös: »Den Kakao bezahl' ich!« Als sie einmal so eingehakt durch die Nacht gingen, kam ihnen eine Gruppe Jugendlicher entgegen, und sie riefen Silvia zu:

»Ihr seid ja ein tolles Paar. Ist der gut im Ficken?« Obwohl ihr angst und bange war, hat Silvia Bobby sofort abgelenkt, ihm irgend etwas Spannendes erzählt, damit er es nicht so mitbekommt und sich nicht aufregt. Vorbei sind die Zeiten der Diskriminierung nämlich noch nicht. Wir müssen immer noch damit leben, auf der Straße blöd angeredet zu werden, und Bobby reagiert zu Recht sehr wütend, wenn er solche Situationen mitkriegt.

An manchen Drehtagen gab es einen »Nachtdreh«, also eine Szene, die in der Nacht gedreht werden mußte, und in diesem Fall wurde um Mitternacht die sogenannte Mitternachtssuppe kredenzt. Bobby hatte an einem dieser Tage gegen acht Uhr abends Drehschluß, und Silvia wollte mit ihm nach Hause fahren, aber Bobby hatte keine Lust und sagte ihr, daß er noch bleiben wolle wegen der Suppe. Auch daß er auf die Suppe noch vier Stunden warten mußte, konnte ihn nicht davon abhalten zu bleiben. Jeder andere wäre froh gewesen, nach Hause gehen zu können, und hätte mit Sicherheit den Feierabend der Suppe vorgezogen. Nicht so Bobby. Sie mußten vier lange Stunden Gameboy spielen, bis er endlich mit den Nachtdrehern die Suppe verspeisen und nach Hause fahren konnte.

Nach Drehschluß gingen Silvia und Bobby manchmal zusammen tanzen, denn tanzen kann Bobby gut. Anfangs sind die Leute meistens etwas befangen, aber nach einigen Minuten entspannen sie sich und machen mit oder tanzen einfach weiter.

Alles in allem hat die Arbeit am Set zum »Bobby«-Film allen Beteiligten viel Spaß gemacht und Leute zusammengeführt, die sonst nie etwas zusammen unternommen hätten. Markus Knüfken, Steffen Groth, Silvia Raith und Bobby haben sich auch einige Zeit später, als der Film längst abgedreht war und alle wieder neue Projekte in Berlin hatten, abends zum Essen getroffen.

Und für Bobby waren die vielen neuen Aufgaben und interessanten Bekanntschaften auch wieder ein positiver Anstoß in seiner Persönlichkeitsentwicklung. Er ist viel selbstbewußter und sicherer im Umgang mit Menschen, fühlt sich, glaube ich, auch anerkannter, respektierter als vorher, weil er die Bestätigung und den Erfolg spürt.

Bobby war danach nicht lange ohne Engagement. Wir erhielten eine Anfrage, ob er in einer Tatortfolge mit Ulrike Folkerts als Lena Odenthal in Ludwigshafen mitspielen wolle. Er wollte. Wir waren gespannt, ob Ulrike

Folkerts und Bobby gut miteinander klarkommen würden, und ich kann sagen, es klappte wunderbar. Bobby liebt Ringkämpfe, und die konnte er mit Ulrike Folkerts in den Drehpausen zur Genüge veranstalten. Wenn er sie von hinten packen wollte, hatte sie ihn – ganz die sportliche Lena Odenthal – in Null Komma nichts auf den Boden gezaubert.

Bobby hatte eine kleinere Rolle, er arbeitete auf einem Schrottplatz an einem Tisch, wo Metallteile sortiert wurden, und fand dort die Mordwaffe, mit der die Tat nachgewiesen werden konnte. Der einzige Nachteil war, daß Bobby sich diesmal die Hände schmutzig machen mußte. Edgar der Würger war wieder dabei, um Bobby zu coachen. Später erzählte sie uns, daß sie einmal nur kurz zur Toilette gegangen war, und als sie zurückkam, saß Bobby weinend in einer Ecke, weil er sie nirgendwo hatte finden können. Wie sehr Bobby auf Wärme, Halt und Vertrauen angewiesen ist, wurde ihr in diesem Moment erst richtig klar.

## ... und den Verlobtinnen

Beim Abschlußessen, nachdem der Tatort im Kasten war, schwärmte Bobby Edgar dem Würger von einem Mädchen am anderen Ende des Tisches vor: »Oh, die ist so hübsch, sie gefällt mir so gut.« Aus dem Tischschmuck bastelten Silvia und Bobby ein Herz für sie. Eigentlich war Silvia Bobbys Tischdame.

»Darf ich mich zu ihr hinsetzen?« fragte Bobby.

»Ja, natürlich.«

Bobby ging zu dem Mädchen, setzte sich neben sie, überreichte ihr das Herz und sagte ihr, er wolle ihr Freund sein. Das Mädchen war gerührt, freute sich und antwortete ihm, daß sie auch seine Freundin sein wolle. Zwischendurch schaute Bobby immer wieder zu Silvia hinüber und lächelte sie an, weil ihm wohl doch nicht ganz wohl dabei war, sie allein gelassen zu haben. Strahlend ging Bobby später zu Silvia zurück und erzählte ihr, daß er jetzt eine Freundin habe. Während Bobby das ziemlich ernst zu nehmen schien, hatte die Kollegin ihre Antwort rein freundschaftlich verstanden. Am nächsten Tag ging jeder seiner Wege, Bobby und Edgar flogen zurück nach München, und von seiner neuen Freundin war nicht mehr die Rede.

Dieses Business bringt, Gott sei Dank, so viel Abwechslung mit sich, daß man gar nicht viel Zeit hat, darüber nachzudenken, wann man jemanden wiedersieht, und mit der Freundin und dem Heiraten nimmt Bobby es, wie ich glaube, nicht so genau. Eine Freundin von uns erzählte uns eines Tages, daß sie eine Familie in Frankfurt kennt, die eine Tochter mit Down-Syndrom hat, die Theresa Gräfin Praschma heißt. Udo und ich fanden das sehr originell, denn wenn die beiden geheiratet hätten, wäre mein Bruder unter Umständen ein echter »Graf Bobby« geworden. Auf unsere Frage, ob Bobby denn Lust hätte, mit uns nach Frankfurt zu fahren und die junge Dame einmal kennenzulernen, sagte er: »Von mir aus kann die mich ruhig heiraten – aber ich bleib' in jedem Fall in München drin wohnen.« Udo und ich schlossen daraus, daß sein Interesse, wirklich zu heiraten, doch nicht so groß sein konnte.

Unsere Freundin Susanne allerdings ist unwiderruflich Bobbys Verlobte. Jedesmal, wenn wir an dem Haus vorbeikommen, in dem sie arbeitet – sie ist Redakteurin bei der »Vogue«, und auf dem Haus steht in großen Lettern »Vogue Condé Nast« –, ruft Bobby: »Da wohnt meine Verlobtin, das ganze Haus heißt so.« Und dann gibt es noch Dodo, die Bobby bei Kursen im Augustinum kennengelernt hat. Sie ist immer pink gekleidet und muß auf Bobby die Wirkung eines Sahnebonbons haben, denn für Dodo schwärmt er und ist sogar ein bißchen in sie verliebt.

Um 15 Uhr 30 steigen Bobby und ich in den Privatjet, der uns nach Berlin zur Verleihung der Goldenen Kamera bringen soll. Im Flugzeug sitzen außerdem Veronica Ferres und ihr Mann, die Gottschalk-Brüder, Friedrich von Thun mit seiner Frau, Dr. Gabriela Sperl, die Autorin des Films, und Inga Pudenz, Bobbys Agentin.

Als wir in Berlin-Tempelhof landen, fahren uns auf dem Rollfeld schon schwarze Limousinen entgegen. Ich bin schwer beeindruckt. »Du kriegst die Tür nicht zu«, rutscht mir heraus. Bobby sagt ganz lapidar: »Das ist normal, Bredi, ich bin schließlich ein Shooting-Star.«

Bei der Probe erklären die Techniker Anastacia, Desirée Nosbusch, Heino Ferch, meinem Bruder und allen anderen Promis den Ablauf. Alle hören aufmerksam zu, jedem kann man die Nervosität anmerken. Nur Bobby langweilt sich und erklärt dem Techniker, er wisse das alles schon. Er sei das gewöhnt, er habe schließlich schon einen Bambi. Heino Ferch fragt Bobby, ob er aufgeregt sei.

»Nein«, sagt Bobby, »wieso denn, der Bobby bin ja ich.«

Später am Abend schreibt Heino Ferch auf Bobbys Tischkarte: *Ich bewundere Dich, Dein Heino.*

Als wir uns vor der Aufzeichnung ins Hotel zurückziehen, findet Bobby, weil unsere Suite im Adlon so groß ist, sollten wir noch ein paar Freunde einladen und eine Party veranstalten. »Ach, Herr Bredi, ruf doch mal die Brigitte, die Claudia und Skippy an, wir könnten mit denen feiern, das wär' schön.«

»Heute nicht, Bobby. Sag mir lieber noch mal den Satz auf, mit dem du dich bedanken wirst.«

Während wir den Satz für den Abend einstudieren, fange ich an, mich zu rasieren. Dabei schneide ich mir in den Finger. Das Blut tropft auf mein weißes Hemd, eins von den drei weißen Hemden, die ich mithabe. Als ich nach einem Taschentuch greifen will, bespritze ich das zweite.

»Bingo«, sagt Bobby, »noch eins und das war's, Bredi.«

Natürlich haben wir dadurch den ganz großen Auftritt verpaßt. Eigentlich waren wir gegen 19 Uhr mit Inga in der Hotelhalle verabredet. Aber wie es ihrer überpünktlichen Art entspricht, steht sie schon eine halbe Stunde früher bereit und ruft an: »Ich bin wunderschön für dich.«

»Ich bin noch nicht fertig rasiert.« (Das Dilemma mit den blutigen weißen Hemden.)

Inga um 18 Uhr 40: »Seid ihr fertig?«

Inga um 18 Uhr 50: »Ich fahre jetzt!«

Um über den roten Teppich zu gehen, fürs ›Sehen und gesehen werden‹, hätten wir pünktlich sein müssen. Als wir endlich soweit sind, hat Inga alle Limousinen durcheinandergebracht und im entscheidenden Moment ist dann natürlich gerade keine da.

»Wie viele kann man davon kriegen, Bredi?« fragt Bobby. »Von was?« frage ich zurück. »Du weißt schon, von dieser Goldenen Kamera.«

»Bobby, das ist jetzt egal, jetzt kriegst du erst mal eine, mach mich nicht nervös, wichtig ist nur, daß du deinen Satz vernünftig herausbringst.«

»Du brauchst nicht aufgeregt sein, Herr Bredi, es kann gar nichts passieren.«

»Sag noch mal den Satz, Bobby, ich bin ...«

»Ich bin ü-über-glücklich über die Auszeichnung. Vielen Dank.«

»Perfekt.«

Wenig später (als zweiter aller Preisträger) kommt Bobby Hand in Hand mit Veronica Ferres auf die Bühne. Sein Freund Friedrich von Thun, der Bobby ab und zu abholt und zum Essen einlädt, begrüßt ihn herzlich und überreicht beiden die Trophäe. Die Ferres erzählt, daß Bobby sie mal heiraten wollte und sie ihm einen Korb gab, mit der Begründung, sie könne nicht kochen. Inzwischen könne sie nicht nur nicht kochen, sondern sei auch anderweitig vergeben.

Gelächter. Applaus.

Jetzt kommt Bobby dran. Mein Herz pocht bis unters Kinn. Ich warte auf den Satz und höre Bobby sagen:

»Ich freue mich, vielen Dank! Und ... hm ... Mist«, er ist wütend, ihm fällt nicht mehr ein, was er sagen wollte, dabei wollte er extra etwas sagen, was nicht eingeübt ist, etwas Eigenes. Er setzt noch mal an:

»Ich freue mich, vielen Dank!« Hilflos überlegt er, was er noch sagen könnte.

»Das war's doch, was du sagen wolltest«, sagt die Ferres ihm halb flüsternd ins Ohr.

Schließlich reißt Bobby in letzter Not die Goldene Kamera nach oben und schwenkt sie über dem Kopf hin und her. Applaus. Mir fallen Zentner vom Herzen. Es war geschafft, ich konnte mich entspannen. Zwei Minuten später sitzt mein Mongobaby voller Stolz und überglücklich neben mir. Man muß besser alles dem Zufall und Bobbys unglaublicher Schlagfertigkeit überlassen, denke ich mir, er lebt in seiner eigenen Welt, und ich habe mal wieder gemerkt, daß ich ihn lieber hätte allein machen lassen sollen.

Alle Leute, die um uns herumsitzen, müssen die Goldene Kamera bewundern. Und da die meisten von ihnen noch keine in der Hand hatten, tun sie das auch. Den Rest der Zeremonie konnte ich ganz entspannt genießen und mich aufs Buffet freuen. Später am Abend, als wir mit vielen Stars gesprochen und ganz viele Gratulationen entgegengenommen hatten, sagte Bobby zu mir:

»Herr Bredi, sei froh, daß ich das Down-Syndrom habe. Sonst hätten wir das alles nie erlebt.«

Meine Gefühle waren ein einziges Chaos. Einerseits vermißte ich Udo, dem ich am liebsten alles sofort erzählt hätte, hatte aber kaum eine Minute, um über irgend etwas in Ruhe nachzudenken. Nach der Ausstrahlung des Films war alles so schnell gegangen. Die enorme Zuschauerquote, dann der Überraschungspreis der Jury für Bobby und Veronica Ferres, jetzt dieser Abend. Immer wieder mußte ich an meine Mutter und an unseren Großvater denken, die das alles nicht miterleben konnten und die so stolz gewesen wären. Ich hätte mir diese Entwicklung ja auch nicht träumen lassen, mein Mongo-Baby ein Goldene-Kamera-Preisträger.

# THE END

Bobby hat die beneidenswerte Fähigkeit, allem im Leben etwas Positives abzugewinnen, sogar seiner Behinderung. Er macht einfach das Beste draus. Und das ist Udos und mein Ziel, was Bobby angeht, wir wollen das Beste für ihn aus seinem Leben machen, das Beste für ihn herausholen. Alle Möglichkeiten ausloten. Es gibt Leute, die uns kritisieren und uns vorwerfen, daß wir Bobby vermarkten würden, Behinderte stelle man nicht zur Schau, sagen sie. Ein Journalist der Bild-Zeitung fragte das Vorstandsmitglied des Berliner Behinderten-Verbandes, Stefan Schnur, ob er es für ethisch vertretbar halte, geistig Behinderte wie Bobby in Filmen auftreten zu lassen. Schnur antwortete darauf, daß das natürlich von Drehbuch und Rolle abhänge. Behinderte sollten keinesfalls vorgeführt werden, was bei Bobby nicht der Fall sei, im Gegenteil, er sei eine Persönlichkeit, mit der viele Behinderte sich identifizieren würden. Heike Zirden, die Pressesprecherin von »Aktion Mensch«, sagte zu derselben Frage:

Wir würden uns wünschen, daß auch Menschen mit

anderen Behinderungen, beispielsweise Spastiker, in Filmen mitspielen, es sei nur eine Frage, wie man es zeigt: »Man kann bei jedem Menschen furchtbare Momente zeigen, aber eben auch normale oder fröhliche.«

Ich habe versucht, in diesem Buch ein Bild meines Bruders zu entwerfen, das dem, was ich mir von ihm mache, möglichst ähnlich ist, weil es wichtig ist, daß viele Menschen »Mongos« kennenlernen, sich eine Vorstellung machen von dem, was sie sind, und dem, was sie nicht sind. Deshalb habe ich ganz viele Geschichten erzählt, die mir einfallen, wenn ich über Bobby befragt werde. Weil Bobby dieses Buch nicht selber schreiben kann, mußte ich ihn sprechen lassen. Er hat aber auch seinen Anteil an dem Buch, weil er immer wieder einzelne Seiten gelesen hat, wir viel darüber gesprochen haben, ich ihm Passagen vorgelesen habe, und schließlich, weil wir gemeinsam die riesige Fotokiste durchwühlt haben. Am liebsten hätten wir alle Fotos in dieses Buch gepackt, besonders wichtig aber war uns Bobbys »Tortenbrief«, auf den er zu Recht stolz ist.

Alles, worin wir Bobby unterstützen, sei es das Filmen, sei es eine Ausstellung seiner Bilder, sei es eine Weiterbildungsmaßnahme oder dieses Buch, machen wir aus zwei Gründen. Einmal, weil Bobby sich entfalten können soll wie jeder andere Mensch auch, und zum zweiten, weil wir dazu beitragen möchten, daß die starken Vorurteile, die in dieser Gesellschaft immer noch existieren, endlich abgebaut werden.

Erst kürzlich berichtete eine Tageszeitung von einer jungen Frau mit Trisomie 21, die im ICE eine Toilette suchte. Doch kein Zugbegleiter und auch kein Mitreisender war bereit, der Frau zu helfen, ihr schlicht zu sagen, wo im Zug die Toiletten sind. In ihrer Verzweiflung stieg sie an der nächsten Haltestelle aus, um die Bahnhofstoilette aufzusuchen. Als sie zurückkam, war der Zug weg, und die Frau stand mutterseelenallein und ziemlich verzweifelt auf dem Bahnhof einer fremden Stadt. Ihr Vater wandte sich schließlich an die Presse, um darauf aufmerksam zu machen, was in diesem Land so vor sich geht. Eine weitere Meldung, die ebenfalls einen Menschen mit Down-Syndrom betraf, berichtete von dem vergeblichen Versuch eines behinderten Mannes, auf der Straße die Uhrzeit zu erfahren. Weil seine Uhr kaputt war, sprach er mehrere Passanten an, die sich alle vor ihm »erschreckten« oder ihn abwiesen, so daß der junge Mann traurig und verspätet in sein Wohnheim zurückkehrte. Wenn Bobbys Karriere nur ein Stück dazu beitragen kann, daß so etwas nicht mehr passiert, hätte es sich gelohnt. Wir wünschen uns, daß unsere Gesellschaft begreift, daß Menschen mit geistiger Behinderung keine bedauernswerten, kranken Kreaturen sind, sondern Menschen, die anders sind, jeder auf seine Weise, Menschen, die einen eigenen Kopf haben, die dem Leben etwas abgewinnen können und manchmal viel mehr Lebensfreude entwickeln als nichtbehinderte Menschen. Niemand ist frei von Macken, und um mit Bobby zu enden: »Ein Mensch ohne Macke ist Kacke.«

Gerd Brederlow
München, im Juli 2002

# ALLES ANDERE ALS »DOWN«

Nachwort von:
Univ. Prof. Dr. med. Dr. h. c. Hubertus von Voß,
Institut für Soziale Pädiatrie und Jugendmedizin
der Ludwig-Maximilians-Universität München,
Kinderzentrum München

Bobby Brederlow – dieser Mensch macht Mut. So ist es mir ergangen, als ich Bobby zum ersten Mal im Künstlerhaus in München begegnete. Bobby ist ein Mensch mit einem geistigen »Handicap«. Menschen wie er gehören zu unserem Straßenbild – so sagen wir – nur, wer sieht diesen Menschen überhaupt ins Gesicht? Wir gehen an Menschen mit »Behinderungen« vorüber, schauen weg, schämen uns allenfalls, daß wir nicht in der Lage sind, ihnen in die Augen zu schauen, geschweige denn sie anzusprechen. Bobby hat das »DOWN«-Syndrom, ist aber nicht »down«. Nein, er geht aufrechten Ganges auf mich zu, stellt sich vor und fragt mich nach meinem Namen. Bobby beginnt das Gespräch, er wartet nicht, bis die eigene Scheu überwunden ist. Er nimmt Kontakt auf, wir sagen, er ist »gut sozialisiert« – ein »Pluspunkt« für effektive Rehabilitation. Nur, wer hat hier rehabilitiert, wer hat therapiert, daß Bobby so geworden ist, wie er ist? Bobbys persönliche Entwicklung ist einzigartig –, wie die Entwicklung aller Menschen. Er hat seinen Weg zum größten Teil selbst gefunden, weil er immer wieder auf Menschen getroffen ist, die ihm die Entwicklung seiner Fähigkeiten zugetraut haben.

Bobby ist durch und durch Mensch, so wie Sie als Leser seiner Lebensgeschichte und ich als einer der Menschen, der als Arzt im Kinderzentrum München jeden Tag Menschen mit Krankheiten, Behinderungen und angeborenen Entwicklungsstörungen begegnet. Bobby ist für mich kein Exot, auch wenn Laien wie Fachleute immer wieder entgegnen: Welcher Mensch mit Trisomie 21, also mit drei Chromosomen der Nummer 21 anstatt zwei, ist in der Lage, solch ein Leben zu führen wie Bobby? Bobby ist Fernsehstar, Schauspieler und Zuschauerliebling.

Als wir uns unterhalten, hat Bobby seine typische Schirmmütze auf, der Schirm weist zum Rücken. Bobby will sein Gegenüber anschauen und will sich ins Gesicht blicken lassen. Er hört zu, so wie andere Menschen auch, und erzählt von seinem Leben als Schauspieler. Seine Einschaltquoten beim Fernsehen lassen manche Künstler, seine Kollegen und Kolleginnen, erblassen.

Wenn man Bobby in der Runde der Menschen erlebt, die ihn seit Jahren begleiten, stützen und einfach in ihr Herz geschlossen haben, wird offenkundig: Bobby ist einer von ihnen geworden. Er hat Gefühle und spürt noch so kleine Reaktionen der Zustimmung und Ablehnung seiner Mitmenschen. Niemand hat ihn hierzu trainiert. Nein, Bobby hatte das Glück, daß Menschen, zuerst seine Eltern und vor allem sein Großvater und später sein Bruder ihn von Anfang an als Teil ihres Lebens ansahen. Als Bobby bei seinem Bruder und dessen Freund und Lebenspartner in der kleinen Wohnung in München-Schwabing einzog, stand das unter dem Motto

»Dem Leben einen neuen Sinn geben«. Bobby beanspruchte nicht viel für sich. Ohne regelmäßige Mahlzeiten wollte er allerdings nicht auskommen, daran mußten sein Bruder und sein Freund sich schon gewöhnen ... Man könnte zu Bobbys Leben viel erzählen. Aber ist dies notwendig, um die Bedeutung von Bobby zu unterstreichen? Überhaupt, worauf lasse ich mich ein, wenn ich nur über Bobby berichte. Bobby ist einer von uns und einer unter uns.

Die *American Association on Mental Retardation (AAMR)* hat das Syndrom der geistigen Behinderung im Jahr 2002 neu definiert und hier heißt es, daß Menschen mit geistiger Behinderung zwar signifikante Begrenztheiten im Hinblick auf ihre intellektuellen Fähigkeiten hätten, sich aber sehr wohl in ein soziales Umfeld integrieren und Fähigkeiten für ein »normales« Alltagsleben erlernen könnten.

Wie sehr Menschen von geistiger Behinderung betroffen oder eben auch nicht betroffen sein können, wird offenbar, wenn man Bobby begegnet. Er hat bei seinem Bruder und dessen Freund ein familiales Zusammenleben für sich erschlossen, oder besser, sein Bruder und dessen Freund haben Bobby in ihr Herz geschlossen.

Zwei Menschen, die mit ihrer Lebenseinstellung und Einstellung zum Zusammenleben in einer homoerotischen Lebensweise und damit einer Zweisamkeit ihrer persönlichen Lebensentscheidung auch zu den Gruppierungen von Menschen zählen, bei denen die Gesellschaft mit bleibendem schlechten Gewissen nach Möglichkeiten einer Wiedergutmachung sucht, haben Bobby zu ihrem Familienpartner werden lassen. Bobbys Familie hat einen für viele Menschen neuen Anstrich, eine solche Familie ist in der Tat eher ungewöhnlich. Erlebt man Bobby, so erfährt man, wie Familie hier »funktioniert«, welchen geschützten Raum sie bieten kann. Nicht zu vergessen, Menschen wie der Bruder von Bobby und sein Lebenspartner tun eigentlich nichts anderes als Menschlichkeit im Alltag aufscheinen zu lassen. Also beweisen sie nur dies, was auch uns allen aufgetragen ist, nämlich menschlich zu sein; denn auch in unserer unmittelbaren Nähe leben Menschen wie Bobby.

Das Tolle an Bobby ist – und das sollte sich wirklich herumsprechen –, daß die sogenannte multidimensionale Betroffenheit, die viele Menschen mit insbesondere geistiger Behinderung oder Entwicklungsstörung kennzeichnet, in seinem Leben eine andere Qualität hat, als man sie sonst antrifft. Bobbys Leben wird im Alltag nicht danach beurteilt, wie er denkt, ob er so denkt wie die »Normalen«, ob er so emotional reagiert wie die (schon häufig nicht mehr normal) emotional reagieren könnenden Menschen, oder ob er so mit Lebenspartnern sprechen kann wie die der Sprache Mächtigen. Bobbys Trisomie 21 (es ist zu hoffen, daß dieser medizinisch ausgerichtete Begriff sich mehr und mehr durchsetzt) ist in seinem Leben nicht zu einer Barriere geworden. Er selbst und seine Familie bestimmen, wozu Bobby ganz individuell und ganz persönlich fähig ist. Dies bedeutet, daß es in der Zukunft um viel mehr gehen muß, als nur darum, festzustellen, wozu der Einzelne *nicht* in der Lage ist. Es geht darum, welche Fähigkeiten der Einzelne *besitzt*, die wir entdecken sollten und der Betroffene uns zeigen sollte.

Wir wissen, daß man in der Vergangenheit beispielsweise in osteuropäischen Ländern vielfach Lehrstühle und Institute für Defektologie unterhielt. In westlichen Ländern rümpfte man über solche Einrichtungen die Nase, aber gleichzeitig ist der defektologische Denkansatz unter uns noch weit verbreitet. Noch immer werden Menschen an ihrer Leistung, an ihren Fähigkeiten und Begabungen gemessen. Mit Menschen, die körperlich, geistig oder mehrfach behindert sind, schon gar nicht mit solchen, die darüberhinaus noch entwicklungsauffällig sind, wird hier nicht gerechnet. Jemand wie Bobby vertritt sie in unserer Gesellschaft. Er überwindet jene defektologisch gesonnene »normale« Umwelt, indem er sie aufsucht, und sei es über den Bildschirm des Fernsehers im eigenen Zuhause.

Bobby kann mit seinem Leben als Beispiel dafür angesehen werden, daß Integration weit mehr bedeutet, als landauf und landab diesen Begriff auf dem Silbertablett vor sich hertragen zu wollen. Sein Beispiel zeigt, daß die Umwelt in vielerlei Hinsicht die Fähigkeiten zu einer menschlichen Begegnung hinterfragen soll – bei sich selbst und bei Menschen wie Bobby. Bobby hat das Leben seines Bruders und dessen Partner reich gemacht. Nun müssen Bobby und seine Familie sogar manchmal erleben, daß ihm seine Fähigkeiten und sein Erfolg geneidet werden, obwohl Bobby gar nicht davon spricht. Aber Menschen wie Bobby haben Erfolge, ob wir es wollen oder nicht. Und wenn sie nicht Erfolge im herkömmlichen Sinn haben, dann erleben sie hoffentlich das Lebensgefühl, so zu leben, wie sie es können und wollen.

Bobbys Leben ist nicht geeignet, nun alle Menschen mit Trisomie 21 oder anderen geistigen Behinderungen daraufhin zu beurteilen, ob sie auch Schauspieler werden können. Auf dem Bildschirm unseres Lebensalltags soll sich allerdings ein individuelles Leben eines Menschen mit und ohne Behinderung so abbilden dürfen, daß wir als Zuschauer oder »Lebenskenner« nicht mehr wegschauen.

Bobbys Leben und er selbst stellen eine unverwechselbare Einheit dar. Bobby vertritt mit seinem Leben die Einzigartigkeit aller jener Menschen, die ein Schattendasein führen und in einer Glamourwelt nicht zu Wort kommen und nicht angesehen werden. Hans Jonas sagt »Sieh' hin und du weißt« – diese Erkenntnis gilt für Bobby und all die anderen, die wir noch nicht angeschaut und mit denen wir noch nicht gesprochen haben.

Schalten wir also den Fernseher in uns ein und richten wir unseren Blick auf Menschen wie Bobby. In ihren Biographien begegnen wir Menschen, von denen wir bislang nichts ahnten, nichts wußten, nichts wissen wollten. Sie offenbaren uns aber ihre Lebensbezüge, die mit den unsrigen in so vielen Bereichen deckungsgleich sind, und sei es »nur«, daß wir sie nicht fallen lassen, sie vielmehr begleiten und sie auch uns begleiten dürfen.

Bobby ist deshalb so einzigartig, weil er uns zeigt, wie einzigartig Menschen seinesgleichen und all diejenigen sind, die noch von uns identifiziert werden wollen.

Es kann also nur heißen: Bobby tritt bald wieder auf, Bobby, spiel uns etwas Neues vor, was wir noch nicht gesehen haben, und sei es auch etwas von uns selbst.

Hubertus von Voß, München im Juli 2002

## FOTONACHWEIS

S. 28 Barbara Volkmer
S. 35, 115 ARD
S. 36, 39, 53, 175 Gerd Tratz
S. 107 Peter Ambach
S. 124 SWR, Christel Korte
S. 164 Heidi Haffenrichter
S. 182 Bayerischer Rundfunk
S. 188 Rudi Ott

Bildteil
Abb. 1, 2, 3, 4, 5, 6, 7, 8 Gerd Tratz
Abb. 9, 12 dpa
Abb. 10, 11 Peter Bischoff

MALIK

Erik Weihenmayer

*Ich fühlte den Himmel*

Ohne Augenlicht auf die höchsten Gipfel der Welt.
Aus dem Amerikanischen von Maurus Pacher. 468 Seiten mit 16 Seiten Farbbildteil. Gebunden

Erik Weihenmayer wurde mit Retinoschisis geboren, einer Augenkrankheit, die nach und nach die Netzhaut zerstört. Die Ärzte waren sich einig: Spätestens bis zu seinem 13. Geburtstag würde er erblinden. Aber der sportliche, lebenshungrige Junge gibt sich nicht geschlagen: Mit Humor, Charme und unglaublicher Willensstärke beweist er seinen Mitmenschen, daß er ein normales Leben weiterführen kann. Er wird Lehrer, beginnt leidenschaftlich zu klettern und dann Berge hochzusteigen. Allmählich werden seine Ziele gewagter: Er bezwingt den höchsten Berg Nordamerikas, den Mount McKinley, erklimmt die steile Granitwand von El Capitan und erreicht den Gipfel des Aconcagua in Argentinien. Im Mai 2001 steht der 32jährige als erster blinder Mensch auf dem Gipfel des höchsten Bergs der Welt: dem Mount Everest.
Sein bewegendes Buch erzählt vom Mut zu großen Träumen, von der Blindheit der Sehenden und vom Erleben der Natur mit Sinnen, die wir allzuoft vernachlässigen.

02/1033/01/R

MALIK

## Jason Elliot
## *Unerwartetes Licht*

Reisen durch Afghanistan. Aus dem Englischen von Anja Hansen-Schmidt. 489 Seiten mit 8 Seiten Farbbildteil. Gebunden

Afghanistan: seit Jahren ein umkämpftes, gemartertes Land. Osama bin Laden, reaktionäre Taliban, verschleierte, unterdrückte Frauen – die Terrorzelle des Orients. Aber wie ist dieses Land wirklich? Was ist mit seinen wunderbaren Kulturschätzen, seiner ehrwürdigen Geschichte, seinen Menschen?
Jason Elliot bereist Afghanistan Mitte der neunziger Jahre, in einer Zeit des Umbruchs, als die Sowjets sich zurückgezogen haben und die Taliban vor den Toren Kabuls stehen. Äußerst spannend und stimmungsvoll erzählt er von atemberaubenden Landschaften, von Begegnungen mit stolzen Mudschaheddin, von hochgebildeten Sufis, von der legendären Gastfreundschaft der Afghanen und dem Leid eines Volkes mit einer großen Vergangenheit und einer unsicheren Zukunft. Und Afghanistan erscheint plötzlich in einem ganz anderen Licht.

02/1007/01/R

MALIK

## Ellen MacArthur

## *Ich wollte das Unmögliche*

Wie ich allein die Welt umsegelte. Aus dem Englischen von Karl-Heinz Ebnet. 351 Seiten mit 16 Seiten Farbbildteil. Gebunden

»Ich würde wieder länger als zehn Minuten schlafen können, ich würde nicht mehr ununterbrochen die Instrumente im Auge behalten müssen. Wir hatten es geschafft. Gemeinsam, die ›Kingfisher‹ und ich.« Fast 100 Tage war Ellen MacArthur allein auf hoher See: In einem 60-Fuß-Segelboot ist sie einhand um den Globus gesegelt. Von der Bretagne bis in die Südsee, vom Kap der Guten Hoffnung bis zum Kap Hoorn. Sie hat Eisstürmen und haushohen Wellen getrotzt und eine Kollision mit einem Container überlebt. Und nach 26000 Meilen nonstop hat sich die junge Engländerin den zweiten Platz im schwierigsten Rennen der Welt erkämpft. Doch ihr Erfolg kommt nicht von ungefähr: Schon mit zwölf Jahren kauft sie sich vom ersparten Taschengeld ihre eigene Segeljolle, mit achtzehn umsegelt sie Großbritannien. Ihr Mut, ihre Willenskraft und Begeisterung machen sie zur Inspiration für alle, die an ihre Träume glauben.

02/1038/01/L

SERIE PIPER

## Sylvia Nasar

### *Genie und Wahnsinn*

*»A Beautiful Mind«. Das Leben des genialen Mathematikers John Nash. Aus dem Amerikanischen von Cäcilie Plieninger und Anja Hansen-Schmidt. 575 Seiten mit 26 Abbildungen. Serie Piper*

Die Karriere des genialen Mathematikers John Nash begann vielversprechend: Er wurde mit gerade mal 23 Jahren Dozent am Massachusetts Institute of Technology. Mit seinen Beiträgen zur Spieltheorie revolutionierte er die modernen Wirtschaftswissenschaften und verblüffte die mathematische Welt durch die Lösung scheinbar unlösbarer Probleme. Dann die Katastrophe: psychischer Zusammenbruch, paranoide Schizophrenie, zahllose Aufenthalte in Heilanstalten – und er geriet in völlige Vergessenheit. Nach über 30 Jahren geschieht das Unglaubliche: Nash wird geheilt, kann wieder arbeiten und erhält 1994 für seine frühen Forschungen den Nobelpreis für Wirtschaftswissenschaften. Die aufwühlende Geschichte eines Genies, dem es gelingt, eine schreckliche Krankheit zu besiegen.

05/1188/01/L

## Carol Gilligan

### *Die andere Stimme*

*Lebenskonflikte und Moral der Frau. Aus dem Amerikanischen von Brigitte Stein. 222 Seiten. Serie Piper*

Frauen denken, fühlen, urteilen anders als Männer und orientieren sich an eigenen Wertmaßstäben. Dies ist eine der Grundthesen der amerikanischen Psychologin Carol Gilligan, die sich den Problemen der Moral und der weiblichen Entwicklungspsychologie gewidmet hat. Gilligan entdeckte, daß Frauen sich nicht auf das männliche Gerechtigkeitsdenken beschränken, wenn sie vor moralischen Konflikten stehen. Statt Rechtsansprüche gegeneinander abzuwägen, wollen sie vor allem vermeiden, andere zu verletzen und Bindungen zu zerstören. In diesem international vielbeachteten Buch weist die Autorin nach, daß die traditionelle Psychologie die Motive, die moralischen Ansprüche und das psychologische Wachstum der Frau konsequent und systematisch mißverstanden hat.

05/1200/01/R

## Silvano Arieti

### *Schizophrenie*

*Ursachen, Verlauf, Therapie, Hilfen für Betroffene. Aus dem Amerikanischen von Brigitte Stein. Mit einem Vorwort von Asmus Finzen. 252 Seiten. Serie Piper*

Die Wahrscheinlichkeit, an Schizophrenie zu erkranken, ist genauso wie bei Diabetes – sie liegt bei einem Prozent. Im Gegensatz zu anderen Krankheiten haftet ihr jedoch immer noch der Ruch des Unheilbaren an. Dabei ist eine erfolgreiche Behandlung der Schizophrenie möglich. Silvano Arieti gibt allgemeinverständlich und umfassend Auskunft über den Forschungsstand zur Schizophrenie: Was kann geheilt werden und was nicht? Wie sehen die Anzeichen einer beginnenden Schizophrenie aus? Wie verlaufen die einzelnen Stadien der Krankheit, welche Ursachen hat sie, und welches sind die wichtigsten Behandlungsmethoden?

05/1268/01/L

## Eva Jaeggi, Robert Rohner, Peter M. Wiedemann

### *Gibt es auch Wahnsinn, hat es doch Methoden*

*Eine Einführung in die Klinische Psychologie aus sozialwissenschaftlicher Sicht. 375 Seiten. Serie Piper*

Die Psychologie ist heute in aller Munde – und dies häufig in populaisierten, trivialisierten Formen. Die Autoren dieses Buches haben das Wissensvakuum und die Neugierde der Öffentlichkeit zu ihrer Sache gemacht. Unter Verzicht auf die Rituale der Wissenschaftsaussprache geben sie kritisch Antwort auf die Fragen: Was ist Psychologie, was kann sie, wo sind ihre Grenzen?

05/1403/01/R

## Aldous Huxley

### *Die Pforten der Wahrnehmung – Himmel und Hölle*

*Erfahrungen mit Drogen. Aus dem Englischen von Herberth E. Herlitschka. 134 Seiten. Serie Piper*

Die beiden epochemachenden Essays Aldous Huxleys berichten von Entdeckungsreisen zu den »Antipoden unseres Bewußtseins«, in Regionen des Seins, die nur im Zustand der Entrückung zu erreichen sind. Die moralische und geistige Quintessenz dieser Erfahrung wird auch in »Himmel und Hölle« analysiert.

05/1269/01/L

### *Als die Liebe auf die Welt kam*

*30 Reportagen über den Menschen. Herausgegeben von Peter-Matthias Gaede. 368 Seiten. Serie Piper*

Warum träumen wir? Welche Funktion hat das Fett in unserem Körper? Weshalb brauchen wir den Schlaf? Was macht das Blut zu einem ganz besonderen Saft? Und was bedeutet es, »multipel« zu sein? Die 30 GEO-Reportagen dieses Bandes erzählen von den Wundern der menschlichen Natur und von spektakulären Ergebnissen in der modernen Medizin. Sie schildern Expeditionen in den Körper des Menschen und erhellen komplexe Zusammenhänge ebenso geistreich wie spannend.

»Reportagen, die nicht nur auf unterhaltsame Weise Wissen vermitteln, sondern zur Besinnung, zum Nachdenken anregen. Über uns selbst. Über unsere Fähigkeiten, unsere Möglichkeiten – und unsere Grenzen.«

Donaukurier

05/1222/01/R

SERIE PIPER

## Ingvar Ambjörnsen

### *Blutsbrüder*

*Roman. Aus dem Norwegischen von Gabriele Haefs. 255 Seiten. Serie Piper*

Ein hinreißender Schelmenroman um Elling, den liebenswerten Kerl mit der wundervollen Macke. Mit seinem Kumpel Kjell verläßt Elling die Psychiatrie und nimmt in Oslo wieder den Kampf mit dem Alltag auf. Lustig wird es aber erst, als die beiden eines Tages ihre Nachbarin Reidun kennenlernen, in die sich Kjell auf der Stelle verliebt. Zu dritt werden sie bald eine richtige kleine Familie.

05/1118/01/L

## Gabriele Wohmann

### *Vielleicht versteht er alles*

*Erzählungen. 310 Seiten. Serie Piper*

Frauen sind schwer zu durchschauen und behalten ihre Geheimnisse für sich, sinniert Timon einigermaßen hilflos – und das nicht ganz zu Unrecht, wie er feststellen muß. Gabriele Wohmann deckt in dieser und vierundzwanzig anderen gekonnten Erzählungen die verborgenen Mechanismen unseres alltäglichen Zusammenlebens auf: Da ist zum Beispiel der verklemmte Vater, der sich in die prominente und verführerische Freundin seines sonst so mißratenen Sohnes verliebt. Da ist die vom Ehemann gelangweilte Tochter, die ihre wechselnden Liebhaber vom Apparat der Eltern anzurufen pflegt. Oder die junge Studentin, die von der erfahrenen Ehefrau ihres geliebten Professors in verblüffend souveräner Manier abserviert wird. In den tiefgründigen und oft ironisch nachsichtigen Geschichten beweist Gabriele Wohmann aufs neue die ganze faszinierende Bandbreite ihres Könnens.

05/1461/01/R

## Annette Pehnt

### *Ich muß los*

*Roman. 125 Seiten. Serie Piper*

»Dorst schob seinen Einkaufswagen von hinten sachte in Elners Hüfte. Elner drehte sich um, in der Hand eine frostige Spinatpackung. Ach nein, sagte sie und ließ den Spinat sinken. Der spanische Sekt ist im Sonderangebot, sagte Dorst, legte den Kopf schräg und wartete.« Unergründlich und scheu ist er, der Held in Annette Pehnts kraftvollem erstem Roman. Er läuft in den schwarzen Anzügen seines toten Vaters herum, erzählt als selbsternannter Reiseführer von Limonadebrunnen und Honigfrauen. Seine Phantasie ist grenzenlos, die Nähe zu anderen nicht. Vor allem nicht die zu seiner Mutter und ihrem neuen Freund. Erst als Dorst die junge Elner trifft, scheinen seine Zurückhaltung und seine Rastlosigkeit ein Ende zu finden. Lakonie und leiser Humor vereinen sich in Annette Pehnts Roman zu einer traurig-schönen Geschichte über einen jungen Mann und seine Verbindung zur Welt.

05/1511/01/L

## Finn Jor

### *Sören und Regine*

*Kirkegaard und seine unerfüllte Liebe. Aus dem Norwegischen von Gabriele Haefs. 303 Seiten. Serie Piper*

»Einer Ungenannten, deren Name einst erwähnt werden wird« – fast sein gesamtes Werk widmete der dänische Philosoph Sören Kierkegaard seiner großen und unerfüllten Liebe Regine Olsen. Erst vierzehn Jahre ist sie, als sie sich in den exzentrischen Theologiestudenten Sören verliebt. Die Verlobung der beiden wird zum Stadtgespräch, doch Sören meint an einem bösen Fluch zu leiden und setzt alles daran, die Verlobung zu lösen … In dieser Liebesgeschichte erwacht das 19. Jahrhundert zum Leben und mit ihm die faszinierende Gestalt eines der bedeutendsten europäischen Philosophen.

»Finn Jor meistert die diffizile Aufgabe der biographischen Annäherung mit Bravour, indem er die tragisch-schöne Liebesgeschichte von Sören Kierkegaard und Regine Olsen mit großem erzählerischem Geschick und fundierter Sachkenntnis nachzeichnet.«

Der kleine Bund, Bern

05/1532/R